U0113646

中国古代大政治家的治国智慧

◎ 马平安 著

宋祖家法
文官治国与分化事权

中国文史出版社

图书在版编目（CIP）数据

宋祖家法：文官治国与分化事权 / 马平安著 . --
北京：中国文史出版社，2021.12
（中国古代大政治家的治国智慧）
ISBN 978-7-5205-3167-2

Ⅰ . ①宋⋯ Ⅱ . ①马⋯ Ⅲ . ①赵匡胤（927-976）—生平事迹
Ⅳ . ① K827=441

中国版本图书馆 CIP 数据核字 (2021) 第 181871 号

责任编辑：窦忠如

出版发行：中国文史出版社
社　　址：北京市海淀区西八里庄路 69 号院　邮编：100142
电　　话：010-81136606　81136602　81136603（发行部）
传　　真：010-81136655
印　　装：廊坊市海涛印刷有限公司
经　　销：全国新华书店
开　　本：787×960　1/32
印　　张：5.5
字　　数：95 千字
版　　次：2022 年 9 月北京第 1 版
印　　次：2022 年 9 月第 1 次印刷
定　　价：32.00 元

作者简介

马平安，1964年生，河南卢氏人，历史学博士，中国社会科学院近代史研究所研究员、中国社会科学院大学教授。出版著作《晚清变局下的中央与地方关系》《近代东北移民研究》《北洋集团与晚清政局》《中国政治史大纲》《中国传统政治的基因》《中国近代政治得失》《走向大一统》《传统士人的家国天下》《黄帝文化与中华文明》《孔子之学与中国文化》等30余部，发表文章50余篇。

总　序　治理国家需要以史为鉴

世上任何事情的出现，都是一种因缘关系在起作用的结果。

这套即将问世的政治家与中国传统国家治理智慧的小丛书，即是本人对中国传统政治与文化多年学习与思考后水到渠成的一种自然的结果。

从宏观上来看，国家的治理是一项十分复杂的系统工程。但如果将这一复杂性和系统性作抽象的归类，其基本内容则主要只有两项，也就是《管子·版法解》中所说的"治之本二：一曰人，二曰事"。这其中，人才是关系国家兴衰的第一要素，所以《管子·牧民》篇又说："天下不患无臣，患无君以使之；天子不患无财，患无人以分之。"历史上，政治家对国家制度的探讨、官员的任用、民众的管理、财政的开发、外交的谋划、各种突发事件的应对及处理，等等，无不是对国家治理经验的丰富与积淀，而由这些内容所形成的政治文化，就成为中华民族文化中极其重要的组成部分。

中外古今大量历史经验表明，一个国家和民族的存在与发展，最根本的依赖是文化，以及由文化而产生出来的文化精神。民族的文化精神是一个国家和民族赖以生存和发展的支柱，是一个国家和民族的脊梁，代表着一个国家和民族的精气神。离开了文化和文化精神的支撑，该国家或民族的存在便无以为继。从周公到康熙皇帝，他们都是在中国乃至中华民族发展历史上作出了巨大贡献的杰出人物，他们缔造的政治制度、所展现的政治智慧，都成为中国文化精髓中的重要组成部分，对中华民族的传承与发展有着不可替代的支撑作用。

中国古人懂得总结历史经验教训的重要性，应该是从黄帝时代就开始了，但有明确文字记载的，则要从周人说起。

周人对历史经验的总结、回顾，从文王时代就已经有了明确的记载。《诗经·大雅·荡》篇引文王所说的"殷鉴不远，在夏后之世"，就是周文王针对殷纣王不借鉴也不重视夏后氏被商汤灭亡的教训所发出的叹惜。朱熹在其《诗集传》中说："殷鉴在夏，盖为文王叹纣之辞。然周鉴之在殷，亦可知矣。"文王一方面为殷纣王而叹惜，另一方面也以历史的经验教训作为周人的戒鉴。

殷商灭亡后，周武王、周公以及其他一些有为的周王和辅政大臣更是常常总结夏殷两代人的经验教训。这可以分成两个方面，一方面是对夏殷两代成功统治经验的总结以供学习、效法；另一方面是对夏殷两代执政者的罪过、错误和失败教训的总结以供戒惕。这种模式，可以说是开了中国人史鉴意识的先河。

周人思维的特征之一就是习惯以古观今，拿历史来借鉴、说明、指导现实以照亮未来前进的方向。周初统治者即是这种思维特征的代表人物。周公治理国家，不仅总结了夏殷两代失败的历史教训，而且还总结了夏殷先王成功的历史经验，并对这些经验予以高度的赞扬和汲取，从而开创了中国历史上的封建政治制度与建立了家国一体的文化意识。从《周易》《尚书》《诗经》《周礼》《仪礼》等若干先秦文献中，都可以看到周人具有的这种浓郁的史鉴意识。这种文化意识，深深地影响了中国人的文化与心理。

在现实生活中，我们在欣赏画作时，都知道每幅作品中藏着一个画魂，这个"魂魄"，往往代表了这幅画境界的高低与价值的大小。

以史观画，史学的作品，又何尝不是如此呢？

本丛书之"魂"，即是"传统国家治理的经验与教训"。这是一条古代政治家治理国家所汇集而成的波浪滔天、奔流不息的历史长河，在这条奔腾前行的河面上不时迸溅出交相辉映、绚丽夺目的朵朵浪花。

这也是一条关于中国古代治理智慧的珍珠玛瑙链，是对古代政治家治国理政智慧和务实政治原则的浓缩，是对古代统治者及关注政治与民生的政治思想家们勇猛精进所创造历史的经验教训的一种总结。

纵观中国古代治理史，夏、商、周三代，周公对国家的治理最具有代表性，他封邦建国，创建宗法制度、礼乐文化，以德治国，注重史鉴，对中国传统政治文化价值体系的形成和发展，有着独特的贡献。春秋时期，孔子对国家治理的思考与探索亦堪称典型。他把政治的实施过程看作是一个道德化的过程，十分强调执政者自己在政治实践中以身作则的表率作用，主张"礼治""德治""中庸"，十分强调统治者在治国理政中富民、使民、教民的重要性。战国时期，商鞅改革的成就史无前例。商鞅最重视国家的"公信力"，他主张用法治手段将国民全部集中于"农战"的轨道，"法""权""信"构成了他的治国三宝。在商鞅富国强兵政策的基础上，秦王嬴政实现了国家的统一。秦始皇所开创的中华帝制、郡县制，所拓展的疆域，进一步奠定了中华民族发展的基础。楚汉战争胜利后，刘邦建汉。作为一个务实且高瞻远瞩的政治家，他更具有史鉴意识，采用"拿来主义"，调和与扬弃周秦政治，他的伟大之处在于实行"秦果汉收"，兼采周公与秦始皇治国理政的长处，从而较好地解决了先秦中国政治遗产的继承和发展问题。汉武帝是继周公、孔子、秦始皇、汉高祖之后又一具有雄才大略的不世之主。他治国理政兼用王霸之道，在意识形态上采取文化专制主义，尊崇儒术，重视中央集权以及皇权的建设。三国两晋南北朝时期，因为分裂与战乱，这一时期鲜有在国家治理方面高水平的大政治家，其间尽管有曹操的挟天子以令诸侯、在北方开辟屯田；诸葛亮治理西蜀与西南地区，但皆无法与统一强大王朝的治理体系与能力相媲美。唐宋时代，唐太宗、宋太祖对国家的治理堪为后世示范。唐太宗的三省制衡机制、宋太祖对文官制度的重视与建设都很有特色。北宋后期有王安石变法，但这种努力以失败而告终，非但没有能够挽救北宋王朝，相反倒十足加剧了北宋的动荡与灭亡。明代中后期，统治者一直在寻找振兴之路，其中以张居正新政最具代表性。张居正治国理政所推行的考成法与一条鞭法，为后来治国者的治吏与增加财政收入提供了经验教训。清朝前期，康熙皇帝用理学治国，用各民族团结代替战国以来的"长城线"边防思维，今天中国五十六个民族、幅员辽阔的疆域领土、大国的自信，等等，都是那个时候奠定的。康乾盛世是中国古代五大盛世中成就最高的盛世，康熙皇帝治国理政的经验教训值得总结。

从历史上看，历代帝王圣贤皆重视治国理政、安民惠民，这是经济义理之学所以能成为中国传统文化核心特征的一大重要因素。

笔者以为，在追求学问之路上，大致可以分为四重境界来涵养：

第一重境界，专业之学。也可以称为职业之学，是人们讨生活、养家庭，生存于天地、社会间必具的一门专业学问。只要努力与坚持，人人可为，尽管会有程度高低不同。

第二重境界，为己之学。也可以说是兴趣之学、爱好之学、养基之学。对于这种学问，没有功利，不为虚名，只为爱好而为之。

第三重境界，立心之学。在尽可能走尽天下路、阅尽阁中书，充分汲取天地人文精华的基础上，立志尽己之能为人间留一点正能量的东西，哪怕是炳烛、萤火之光。

第四重境界，治国平天下之学。这种学问在实践上有诸多苛刻条件的限制，无职无位无权者很难走得更远；在理论上也需要有远大抱负、超凡脱俗之人来建树。做这种学问的目的，在于"为万世开太平"，为民族为国家之繁荣富强，为民众之安康福祉，生命不息，追求不已。

从格局上看，古人读书写作多非专职，由兴趣爱好适意为之，因为不是为了"衣食"，故以"为己"之学为多，其旨意亦多追求"立德立功立言"，在著作上讲究"经济义理考据辞章"。窃以为，古人眼中的"经济"，远不是今人所说的"经济"。"经"者，经邦治国；"济"者，济世安民也。经邦治国，济世安民才是古人心中的"经济"之学。"义理"是追求真理，为世人立心，替生民立命。"考据"重在材料在学术研究中的选择及运用。"辞章"则是重视文采的斑斓与华丽。对"经济""义理"的向往和追求是国人的动力，是第一位的。孔子曰："言而无文，行之不远。"此"文"说的就是"经济""义理"。"考据"需要勤奋、细心、谨慎、坚持就可以做到。"辞章"则往往与人的天赋与性格关系很大，千人千面，很多不是通过努力就能达到的。姚鼐在《述庵文钞·序》上说："余尝论学问之事，有三端焉，曰：义理也，考证也，文章也。"章学诚在《文史通义·说林》中说："义理存乎识，辞章存乎才，征实存乎学。"今天，如何学习与继承中国古人优良的著述传统，在生活实践中树立"修齐治平""家国天下""立德立功立言"三不朽意识，将"经济义理考据辞章"融会贯通，目前还有很多值得努力的地方。

从学术角度言，一部好的史学作品，离不开对史料的抉择与作者论述的到位。资料的充实、可靠，作品的立意高格、布局得体是形成一部好作品的必要条件，尤其是资料是否充实、可靠更是研究工作的基础。很明显，本丛书的立意布局都需要充实的资料来讲话。不幸的是，中国虽然是一个历史大国，然而扫去历史的尘埃，一旦进入相关领域认真搜寻探究，就会发现，史料的不足与缺乏成为制约史学作品完善与深入的瓶颈。从现有资料看，研究周公治国主要有《周易》《今古文尚书》《周礼》《仪礼》等；商鞅有《商君书》、出土的文物、《史记》等，孔子有五经、《论语》等；秦始皇有《史记》中的《秦始皇本纪》《秦本纪》，以及一些出土的秦简、文物等；汉高祖、汉武帝有《史记》《汉书》及汉人留下的一些著作；唐太宗有《贞观政要》《新唐书》《旧唐书》等；宋太祖有《宋史》《续资治通鉴长编》《续资治通鉴》等；王安石有《王安石全集》《宋史》《续资治通鉴长编》等；张居正有《张太岳集》《明史》《明实录》等；康熙皇帝有《康熙政要》《清史稿》《康熙起居注》《清实录》等，可作为参考。但说实话，这些资料仍然很不够，一句话，资料的缺乏与不足影响了本丛书认识与探索的空间，这也是美中不足、无何奈何的事情。

此外，史学作品要求一切根据资料讲话的特点，也决定了其风格只能是如绘画中的工笔或白描，而不能采用写意的手法，随意挥洒，这也影响了作品的表达形式。

本丛书是为人民大众服务的，首先，需要风格活泼、生动、有趣味，文字通俗、流畅、易懂、可读；其次，力求作品的学术性、严肃性与准确性。也许，只有在坚持学术性、严肃性与准确性的前提下，把学究式的文风变成人民大众喜闻乐见的文风，才能收到更广泛的社会效应。但我深知，很多地方还远远没有做到。"路漫漫其修远兮，吾将上下而求索。"大众学术一直是笔者努力的方向。

目前，中国正在进行伟大的变革，如何推进国家治理体系和治理能力现代化，这既是全面深化改革的热点，更是一个难点问题。在中国这样一个具有悠久历史和文化传统的国度里，我们必须遵循中华民族自身的发展规律，循序渐进地向前迈进。

习近平总书记指出："一个国家选择什么样的国家制度和国家治理体系，是由这个国家的历史文化、社会性质、经济发展水平决定的。"这提醒我们，中国的发展道路具有中国自身特色，实现中国国家治理现代化，离不开中国历史传承和文化传统，离不开中国经济社会发展水平，离不开中国人民自己的选择。

历史与文化是"民族的血脉，是人民的精神家园"，历史不能割断，实现中国国家治理现代化，需要中国"历史传承和文化传统"，源于"古"而成就于"今"，从中国古代的政治实践中汲取有益的营养，努力探寻传统文化的现代转化，为构建当今和谐社会提供借鉴，这是本丛书问世的目的所在。

希望这套小丛书能够多少帮助到对中国古代政治史感兴趣的人们！

作者 2020 年底于京城海淀

目　录

前 言　宋太祖的誓碑

　　中国历史上，宋王朝是一个"郁郁乎文哉"的文化昌盛时代。其所以能够如此，在很大程度上与宋太祖赵匡胤所推行的政策、开创的制度、构建的祖宗家法、及其所体现的文化精神，有着很大的关系。

　　在宋代，中国人发明了活字印刷术，开始使用指南针，大规模应用火药。世界四大发明，除了东汉人对造纸术的发明外，其余都是宋代的成果。

　　在宋代，世界最繁华、最发达的十大城市，大约至少有五个以上在中国沿海口岸。

　　在宋代，中国人烧制的瓷器，从当时到现在，一直是世界的珍宝。

　　在宋代，中国的贸易船队和航海技术都具世界一流的水平。

　　在宋代，科举制度发达，选官制度比较公平、合理。

　　在宋代，重文轻武的治国措施真正得到了贯彻执行，文治成为治国的传统与瑰宝。

在宋代，涌现出了中华民族史上许多忠贞之臣、文化大家，如：寇准、包公、杨家将、狄青、范仲淹、欧阳修、王安石、柳永、苏东坡、司马光、秦观、黄庭坚、宗泽、李刚、岳飞、韩世忠、梁红玉、李清照、陆游、辛弃疾、文天祥，等等。他们是我们榜样，我们的身上流淌着他们的血液，我们的文化思想上深深地烙有着他们的印记。

无论怎样说，宋代都应该称得上是中国历史上最文明、最富裕、经济最发达、文化最繁荣的时代之一。

而这一切，都要拜一位伟大的人物——宋太祖赵匡胤的开创之功。

宋太祖赵匡胤祖籍涿郡（今河北涿州），五代后唐天成二年（927年）诞生于洛阳（今属河南），建隆元年（960年）创建宋王朝，建都汴京（今河南开封），死于宋开宝九年（976年），享年五十岁。据古代礼法，事物之原始称"太祖"，赵匡胤作为宋朝的开国之君，庙号太祖，又古代习称一朝之开国帝王为"艺祖"，由此，宋人常常尊称赵匡胤为艺祖、太祖，而后世之人一般称他为宋太祖。

赵匡胤生逢五代极乱之世。公元9世纪末，那强盛繁荣一时的大唐帝国，在经历了朋党之争、安史之乱、藩镇割据、宦官专权等无数劫难之后，又遭到了唐末黄巢农民战争的致命打击，其本就奄奄一息的统治迅速土崩瓦解。907年，通过镇压黄巢农民军发家的军阀朱全忠，凭借长枪大刀、烈马悍卒，杀死唐朝最后一位君主唐哀宗，建立了后梁政权。自此，中国历史进入了长达半个多世纪的五代十国的乱世割据时期。

五代是指先后立国于中原地区的后梁（907—923 年）、后唐（923—936 年）、后晋（936—946 年）、后汉（947—950 年）、后周（951—960 年）五个朝代，十国即指前后出现于南方与北方山西等地的前蜀、后蜀、吴、吴越、南唐、楚、闽、南汉、荆南和北汉等十个割据政权。五代十国是晚唐藩镇之祸的扩大和延续。为篡夺政权、争抢地盘，这些军阀割据政权内部以及相互之间，不断爆发大规模的战争，杀人盈野，赤地千里，百姓流离失所，社会生产力遭到了严重的破坏。

乱世英雄起四方。

就在这风云变幻、天地翻覆的大分裂、大动荡的历史时代，一个注定要改变中国传统政治运作模式的伟大人物赵匡胤脱颖而出，迅速自一名默然无闻的低级军官晋升为后周政权的高级将帅，并依靠手中的枪杆子，于 960 年成功地发动陈桥兵变，黄袍加身，一举取代后周统治，建立起延续三百余年的赵宋王朝。

在中国数千年的历史发展进程中，宋王朝不过是历史长河之一瞬间，但却是一个忠臣良将、文人辈出的重要朝代。因为"唐诗宋词"，因为"唐宋八大家"，因为"杨家将"、岳飞、文天祥，等等，历史常常将古代盛世辉煌的唐宋朝代紧紧地联系在了一起。之所以能够如此，与宋太祖赵匡胤的"文治"开创之功不无关系。可以说，赵宋一代的基本国策、政治制度，皆肇始于宋太祖时期。《宋史·文苑传序》曰："自古创业垂统之君，即其一时之好尚，而一代之规模，可以豫知矣。艺祖革命，首用文吏而夺武臣之权，宋之尚文，端本乎此。"在五代乱世中开辟出一片新天地的宋太祖，面对五代十国各政权之寿命长则二三十年、短则不足十年这样一个残酷的现实，常怀"乾龙之惕"，在登基伊始，便着眼于长远拨乱反正，逐步采取了一系列适应时代发展要求的相应的政策，变乱为治，培植文脉，为北宋百余年的长治久安奠定了坚实的基础。

宋太祖在位短短十六年，将主要精力用在消灭割据政权实现统一，同时也用心于拨乱反正与治理国家。开国次年，宋太祖即通过"杯酒释兵权"的和平方式，解除了禁军大将们的统兵之权；继采取先南后北的统一战略，选用将领驻守北方要地以防御契丹军队的南下，而向南先后平定了荆南、楚、后蜀、南汉、南唐等割据政权。在进行统一战争的同时，宋太祖又相继改革官制，在加强中央集权上，设置参知政事为副相，以枢密使掌军政，三司使掌财权，以分宰相之权；选拔地方精壮士兵为中央禁兵，削弱地方军事力量；创立更戍法，使兵不知将，将不知兵，以防止将领拥兵造反；在地方管理上，各州府增设通判一职，以分割知州的权力，并派遣文臣替代武将出任地方长官；设立转运使掌管地方财政，并负有监察地方官吏之职，等等。同时，宋太祖还十分注意文教，惩治贪吏，兴修水利，奖励农桑。他的努力，有力扭转了自唐末以来社会因长期战乱而极端凋敝的局面，促成了宋代政治经济文化的迅速发展。不过，金无足赤，人无完人。宋太祖为强化其中央专制集权统治而施行的重文抑武、强干弱枝等国策，也对整个宋代积弱局面的形成，产生了深刻而长远的负面影响。

据南宋初人笔记《避暑漫抄》说：公元 962 年，宋太祖曾密镌一碑，立于太庙寝殿之夹室，谓之"誓碑"。平时用销金黄幔遮蔽，门钥封闭甚严。宋太祖谕令有关部门：自今后四季祭祀以及新天子即位，拜谒太庙之礼完毕，奏请恭读誓词。是年秋，礼官奏请如敕令，宋太祖便来到夹室之前，再拜升堂，只有一个不识字的小黄门（小太监）随从，其余人皆远远站立在庭中。小黄门验封条、启钥开门先入，焚香，明烛，揭开布幔，然后快速走下台阶，不敢仰视。宋太祖来到誓碑前，再拜跪瞻默诵，然后再拜而出。群臣及近侍都不知所镌刻的誓词内容。此后列朝宋帝皆依承"故事"，成为惯例，每逢岁节四季，都拜谒、恭读如仪，奉若神明，不敢漏泄，就是腹心大臣亦不知誓词的内容。直至靖康之变，北宋灭亡，金人进入太庙，将用于礼乐祭祀的礼器、祭器全部抢去，太庙之门洞开，市人得以入内纵观，方才看见所谓的誓碑，高七八尺，阔四尺有余，上面镌刻有誓词三行：

一、柴氏（周世宗）子孙有罪不得加刑，纵然犯谋逆之罪，止于狱中赐自尽，不得于市曹中刑戮，亦不得连坐支属。

二、不得杀士大夫及上书言事人。

三、子孙有渝（违背）此誓者，天必殛（杀死）之。[①]

碑誓虽有三条，但实质内容却仅有两项，涉及对前朝皇帝柴氏子孙的保全及对士大夫的宽厚政策。更严格地说，核心主要是"不得杀士大夫及上书言事人"这一条。但就是这一项，已经表现出了宋太祖的仁慈、宽厚和以文化立国的长远眼光与高瞻远瞩，这是宋王朝在名节、文化等方面成为中国历史高峰期的一个主要原因。

明末清初人王夫之在《宋论》中对宋太祖这块誓碑的内容则记载为："太祖勒石，锁置殿中，使嗣君即位，入而跪读。其戒有三：一、保全柴氏子孙；二、不杀士大夫；三、不加农田之赋。"他接着评论说："呜呼！若此三者，不谓之盛德也不能。"这里所记与宋人所述略有不同，"不加农田之赋。"为前面记载所没有。如果真是这样的话，宋太祖的三条誓词真可谓字字珠玑，条条洞彻治国理政的根本要领。它从统治策略说到文化政策，从文化政策又说到国计民生，无怪乎宋王朝一代的文化与经济水平能够发展到中国传统社会的一个高度。

可以说，宋朝统治者对于文化人的优容，宋太祖誓碑起到极大的作用。第一，因系宋太祖赵匡胤所立，具有国家法

---

① （宋）陆游著：《陆游全集校注·避暑漫抄》，浙江古籍出版社 2015 年版。

律的权威；第二，赵匡胤为赵氏家族的开国之君，他所立的誓碑，自然也就有钳束整个家族的契约力量；第三，围绕誓碑的种种神秘设施、神圣仪式以及谶语诅咒等，对后世继承人的威慑作用，是毫无疑义的。在世界，在中国，如果不是唯一，也少有这样器识的最高权力拥有者，敢以碑刻这种不易磨灭的方式，要求后继者做出不得杀文人士大夫以及言事者的承诺。

"与士大夫共治天下"与"不杀文士"这一国策为宋太宗之后的历代宋朝皇帝所遵循。

北宋中期名臣范仲淹说："祖宗以来未尝轻杀一臣下，此盛德之事。"

南宋学者王明清也说："本朝法令宽明，臣下所犯，轻重有等，未尝妄加诛戮。"

明末清初学者王夫之说："自太祖勒不杀士大夫之誓以诏子孙，终宋之世，文臣无欧刀之辟。张邦昌躬篡，而止于自裁；蔡京、贾似道陷国危亡，皆保首领于贬所。"

仅就这一点而言，宋太祖对于中国政治文化的贡献即是巨大的。

从烽火连天的岁月中黄袍加身的宋太祖赵匡胤，以其绝不矫揉造作的性格、脚踏实地的为政作风，使其对国家的治理浓重烙上了极为鲜明的个人色彩：治国以"俭"，为政宽和，对文化人的优容，对文官制度建设的重视，对民众疾苦的挂怀，对文明的提倡，对文化与文艺的宽容，等等。在宋太祖之前，焚书坑儒的秦始皇做不到，以儒冠为尿壶的汉高帝做不到，动不动就拿文人祭刀的魏武帝做不到，甚至连从谏如流的唐太宗也做不到。宋太祖誓碑及他所开创的以文治国模式，皆为前人所不及。所有这一切，使得他当之无愧地跻身于秦皇、汉武、唐宗等雄才大略的伟大君主的行列。

第一章　太祖登基与宋初形势

公元 960 年，赵匡胤在陈桥驿发动兵变、黄袍加身。陈桥兵变是一次有预谋、有计划的兵变，策动者有着周密的计划、长远的打算，所以在这次兵变成功、宋太祖建立赵宋王朝之后，能够从容布局，一面逐步消灭各地割据政权，一面全力拨乱反正、重振朝纲。赵宋王朝是在五代十国动荡时代的废墟上建立起来的，宋初面临的形势十分严峻，北有契丹族政权的虎视眈眈，南有各地军阀割据政权的卧榻之睡，完全是一个内忧外患的局面。历史在考验着新王朝统治者化解困难的为政能力。

一、陈桥兵变

赵宋三百年皇权的开创者是赵匡胤，他的开国登基颇具戏剧性。

赵匡胤出身军人世家，父亲赵弘殷是后周重要将领，曾任铁骑第一军都指挥使、右厢都指挥使，屡立军功，死后获赠太尉。赵匡胤"容貌雄伟，器度豁如，识者知其非常人"。"学骑射，辄出人上"①。后周太祖郭威以李守真为枢密使，赵匡胤投其帐下，从军行伍，以战功步步晋升，历任定国军、忠武军节度使。周世宗柴荣非常信任赵匡胤，任命他为检校太傅、殿前都点检，总领禁军，负责皇室警卫。

后周世宗显德六年（959 年）六月，时正壮年的周世宗突然病逝，其幼子柴宗训即位，是为周恭帝。根据周世宗的遗训，朝政由宰相范质、王溥及大将韩通、赵匡胤等文武大臣共同辅佐。

周世宗临终前，为防止大将发动兵变，篡夺皇位，对禁军将帅的人事安排做了煞费苦心的布置，将后周太祖郭威的女婿、殿前都点检张永德免去军职，改由自己一手提拔的心腹大将赵匡胤接任。显德六年（959 年）七月，后周朝廷在宰相范质等的主持下，对殿前、侍卫二司统帅进行了部分调整：

---

① （脱脱等撰：《宋史·太祖本纪一》，中华书局 1998 年版。

以侍卫步军都指挥使、曹州节度使、检校太保袁彦为陕州节度使，加检校太傅，免去禁军之职；以侍卫马军都指挥使、陈州节度使、检校太傅韩令坤为侍卫马步都虞候，加检校太尉；以虎捷左厢都指挥使、岳州防御使、检校司徒高怀德为襄州节度使，充侍卫马军都指挥使、检校太保；以虎捷左厢都指挥使、常州防御使、检校司空张令铎为遂州节度使，充侍卫步军都指挥使、检校太保。

至此，侍卫、殿前二司将帅分别为：侍卫马步司都指挥使为李重进，副都指挥使为韩通，都虞候为韩令坤，马军都指挥使为高怀德，步军都指挥使为张令铎；殿前都点检为赵匡胤，副都点检为慕容延钊，都指挥使为石守信，都虞候为王审琦。因李重进统军南下驻守扬州，以监视、防备南唐军队，所以侍卫司实由副都指挥、同平章事韩通掌控，而且根据周世宗的生前安排，京城守备也归韩通负责。在这份名单中，在京诸将帅除韩通之外，石守信、王审琦为赵匡胤的义社兄弟，慕容延钊、韩令坤与赵匡胤关系十分密切，高怀德与赵匡胤交往颇深，而张令铎是出名的仁厚之人，因此对野心渐起的赵匡胤来说甚为有利。

由于当时君幼臣强，人心猜疑，政局不稳，故自军中逐渐传出密谋推戴赵匡胤为天子的谣言。

五代时期的武将，一旦掌握了中央军权，往往会萌生篡位的野心。升拜殿前都点检的赵匡胤，统率着数万人马的禁军精锐，文有赵普等一班幕府谋士，武有石守信等义社十兄弟一班战将的支持，且其在跟随周世宗南北转战中屡立战功，故在军中的威望急速上升。但由于周世宗"御军号令严明，人莫敢犯"，且"又勤于为治，聪察如神"，并有"性刚而锐敏，智略过人"①的王朴辅佐，从而使得赵匡胤小心谨慎，以种种忠诚之姿态来取得周世宗的信任，而不敢有所妄动。然而，随着周世宗和"智略过人"的辅佐之臣王朴的先后谢世，深埋在赵匡胤心底的政治野心迅速膨胀，欲借此时"主少国疑"、人心浮动之大好时机，趁乱夺取后周政权。

自唐王朝覆灭以来，五代各政权的更替如同走马灯般地进行着，在短短的五十三年中，先后换了十四个君主，历来至高无上、神圣不容侵犯的皇权，一变而成了有兵权、有实力的武人可以随意抢夺的东西。而在权力递嬗中，禁军将士又往往起着决定性的作用，并由此获得大量的财物等赏赐。同时五代乱世，朝纲崩坏，礼义沦丧，君臣关系成为以利益为维系的纽带，利合而为君臣，利分即成仇敌。因此当时禁军将士颇为喜欢拥立新天子，以获取更大利益。现在统治天下的皇帝由英武的周世宗换成年幼无知的周恭帝，故那些不甘寂寞的禁军将士又萌生了效法其前辈贩卖天子宝座以获取更大富贵的念头，加上别有居心者从中积极活动，使得局面逐渐失控，向着赵匡胤集团所希望的方向发展。

---

① （宋）司马光编著，（元）胡三省音注：《资治通鉴》卷294《后周纪五·世宗睿武孝文皇帝下》，中华书局1956年版。

　　然而世上没有不透风的墙，赵匡胤等人的企图，随即被不少官员所察觉。虽然有人明哲保身而观望，但还是有官员为此上书朝廷要求警惕。如殿中侍御史郑起即上书宰相范质，指出赵匡胤等人言行诡谲，应引起朝廷警觉，且赵匡胤颇有人望，处于今日"主少国疑"之时，赵匡胤不宜再典掌殿前司虎狼之师。但这一意见却并未被范质等重视，故而也没有采取任何防范措施。对此，特立独行的宋初著名文学家王禹偁于《五哀诗》①中颇为惋惜地评述道："太祖（赵匡胤）方历试，握兵权已重。上书范鲁公（范质入宋后封鲁国公），先见不能用。历数不在周，讴谣（指点检做天子之谶言）卒归宋。"也正因为此，郑起遭到阴谋者的忌恨，宋朝建立后，一直受到朝廷的压制，"晚求万泉令，吏资官资冗"，且"无子嗣家声"，然"一旦随晚露，识者弥哀痛"，虽"文编多散失，人口时传颂"。与王禹偁所说的郑起之人品、学问颇得世人钦佩者不同，宋初官修的《周世宗实录》却指责郑起"轻俊无检操"②。此正说明赵匡胤等人对郑起上书一事的忌恨之深。

　　在郑起上书宰相范质的同时，侍卫马步军副都指挥使韩通之子韩微亦察觉了赵匡胤的篡位企图。执掌朝廷军权的韩通本属一介武夫，胸无点墨，且又性格狠暴，人称"韩瞠眼"。但其子韩微却足智多谋，不同凡响。因其小时候生病后

---

　　①　（宋）吕祖谦编：《宋文鉴》卷14，中华书局1992年版。
　　②　（宋）李焘撰：《续资治通鉴长编》卷4太祖乾德元年，中华书局2004年版。

落下终生残疾，成了驼背，人称"橐驼儿"。韩微虽然长得丑陋，却见识不凡，至此危急时刻，竭力劝父亲先下手除掉赵匡胤，以免后悔莫及。但韩通不听，亦不在意。赵匡胤得知韩微向韩通告发了自己，既忌恨又担忧，更加紧了夺权的准备，终于发动了陈桥兵变，黄袍加身，登上了皇帝宝座。

对于赵匡胤的夺权传言，刚愎自用而又志大才疏的赳赳武夫韩通，以为赵匡胤资望尚浅，且自己控御着京城内外禁军大权，不以为意，那还可以理解，但是肩负周世宗重托的三位宰相，也未对此加以防范，甚至没有引起足够的重视，就十分令人不解了。由于史料中对此一无记载，故难以确知其真实的原因。不过，史书上明言范质、王溥和魏仁浦三位宰相以"廉慎守法"著称，所以不至于对此全无知觉，从事后结果来推测，这大概还是因为范质等三相的才干守成有余而应变不足，从而造成这一让人颇感疑惑的局面。此前，当英武的周世宗得悉"点检作天子"之谶言，即断然作出罢免张永德殿前都点检使的决定，以防止兵变的发生。然而当"点检作天子"的谣传再次出现，而且赵匡胤诸人行为异常之时，"廉慎守法"的宰相们却不敢效法周世宗：一则当初周世宗以疑似之罪名将张永德罢去军权，引起了军中将士不小的猜疑，因此出身文人的三位宰相当此危局，也实在不敢仅凭这些疑似之理由，来采取断然措施以阻遏还处于萌芽状态的事变发展，从而冒激怒强将悍卒的风险；二则"点检作天子"谶言的初次出现，实在有禁军将领为打击政敌而制造、流传谶谣的嫌疑，所以当这一谶言第二次自军中传出时，人们同样会视作军中大将之间为争夺权力而诬陷、攻讦政敌的产物，因此这一谶言虽然扰乱了人心，但辅佐幼主的大臣们却是不太以为然的。

确实，五代时期凭枪杆子夺得天下的赳赳武夫，如后唐明宗李嗣源、后晋高祖石敬瑭、后周太祖郭威等，都有着"一人之下、万人之上"的地位和声望，而这是赵匡胤所未能及者。当时赵匡胤虽然贵为殿前都点检，但地位、声望在其之上的将官有张永德、李重进、韩通等人，就连慕容延钊、韩令坤在军中的资历也较赵匡胤要深；同时在兵马实力方面，殿前司虽有数万精锐在京城，而韩通所掌握的侍卫司军马数量要超过殿前司，而且按照周世宗生前的布置，调动京城各军之权归于韩通，此外驻扎扬州以防备南唐的李重进、驻扎河北以防备契丹的韩令坤、驻扎潞州以防备北汉的昭义军节度使李筠等大将麾下都拥有很强的军力，并且二李对赵匡胤的态度颇不友好。因此，赵匡胤要在拥戴后周的势力十分强大的京城内发动改朝换代的兵变大为不易。但怎样才能把参与兵变的军队调出京城，这对曾经亲身经历了周太祖郭威发动"澶渊兵变"，然后杀回京城夺取后汉政权这一事变的赵匡胤来说，大概不难找到办法，即翻版郭威当年的做法，以建立自己的王朝，只是时间、地点有所差异而已。

显德七年（960年）正月初一日春节，当后周君臣在宫中庆贺新年之际，忽然镇州（今河北正定）和定州（今河北定州）两地长官遣人入京奏报契丹南下入侵，北汉兵马自土门东出与契丹军队联合。后周符太后和宰相范质等大臣于仓促之中不辨真假，急命殿前都点检赵匡胤统领三军将士北上御敌。

正月初二日，赵匡胤升帅帐调兵遣将：调侍卫马军都指挥使高怀德、侍卫步军都指挥使张令铎和侍卫步军虎捷左厢、右厢都指挥使张光翰、赵彦徽率部随自己出征，而留下殿前都指挥使石守信、殿前都虞候王审琦率兵协助韩通守京城，并派遣殿前副都点检慕容延钊领前军先行北上。从表面上看，赵匡胤如此调遣将士甚为合理，殿前司和侍卫马、步军都是部分出征、部分守城，既劳逸均沾，又便于相互牵制，而这后一点，对于正忧愁于"主少国疑"的符太后、范质、韩通等人来说，应该是颇为放心的。不过，赵匡胤如此安排，却另有深意。

因为侍卫司步军之将帅张令铎是著名的仁厚人，张光翰、赵彦徽素与赵匡胤关系密切，故侍卫步军就基本为赵匡胤所控制，而侍卫马军都指挥使高怀德亦与赵匡胤交情不浅，而且纵然他或马军将士不一心，但在随赵匡胤出征的殿前司精锐和侍卫司步军的挟制下，也难以有所作为，况且侍卫亲军马军中还有部分中下级军校归心于赵匡胤。而留守京城的韩通，虽仍掌握着京城军权，但侍卫司马、步大军此时已分在数处：李重进率一支兵马驻扎扬州，韩令坤领一支精兵巡守河北沿边，另一支随从赵匡胤出征，所以留在京城的侍卫司人马已不多了，而且赵匡胤还特命石守信、王审琦率领一支殿前司精兵留在京城内，而这支部队，如遇到非常之事，是不可能听从韩通调遣、指挥的。不过，作为殿前副都点检的慕容延钊，资历深于赵匡胤，赵匡胤以兄长之礼待之，让他处于其中，终究有所不妥，所以赵匡胤派遣他领前军先行出发。

就在这一天，京城内盛传兵变即将发生的谣言，甚至有士兵在市中公然宣称"将在出军之日，策立点检为天子"。由于就在十年前乾祐三年（950 年）后周太祖郭威率领兵变将士进入京城时，为争取诸军的全力支持，故同意于"克京城日，听诸军旬日剽掠"，于是诸军进城后，纵兵大掠一夜，直到次日中午才被禁遏，京城百姓财产损失极其惨重。至此，流言一出，满城惊疑，人心惶惶，自市民至官宦人家，争相搬家出城逃避。

正月初三日，赵匡胤率数万大军自爱景门出京城，北上御敌。因为三军纪律严整，毫无异动，所以城中被流言搞得心神不宁的市民们，由此稍微心安。当晚，出征将士驻宿于陈桥驿。

陈桥驿是当时自京城开封去河北、山东大道上的一个普通驿站，位于开封东北四十里处（今河南封丘东南陈桥镇）。当日，有一个殿前司军校苗训，曾学过占星术，善于望气观星，在军中颇为知名。在行军途中，与赵匡胤的幕僚谋士楚昭辅搭档，一唱一和，说天上太阳下面还有一个太阳，黑光纵横，磨荡了许久，并煞有介事地指示给其他将士观看，宣扬这是天命有归之征兆。中国古代一向以太阳代表帝王，所谓天无二日，国无二君，今天上两个太阳相斗，其含义可谓不言自明。既然天意也是如此，那军中将士图谋兵变的信心不免更受鼓舞了。

当日夜里，驻扎于陈桥驿兵营中的三军将士，面对"主少国疑"的局面本已猜测不安，现今又在"点检作天子"的谶言、太阳下面还有一个太阳的征兆和赵匡胤的谋士们之游说、煽动下，不由得心中骚动难耐，摩拳擦掌。于是那为富贵欲望所驱使的禁军将士们纷纷汇聚在一起商议道："主上幼弱，未能亲政。今日我辈出死力，为国家破贼，谁又知之？不如先立点检为天子，然后北征拒敌，未为晚也。"从聚议者的说辞上看，在其中起主要作用的仍为赵匡胤的亲信赵普等人。

当夜，赵匡胤醉酒高卧帅帐，掌书记赵普担负起直接发动兵变的重任。在赵普鼓动下，禁军将领群情激昂，一起拥入赵匡胤的寝帐，高叫："诸将无主，愿策立太尉为天子。"赵匡胤从梦中惊起，披衣下床，还没来得及与诸将应酬，就被众人搀扶着来到公案前，一件早已准备好的象征天子身份的黄袍就披在了赵匡胤的身上，众人然后纷乱地退后跪拜在地，口呼"万岁"。当年郭威发动兵变时，其手下于匆忙中只是撕裂一面黄色的军旗权当黄袍，相比之下，此时赵匡胤的准备可谓要充分得多了。于是，赵匡胤便与拥立者约法三章：

> "我有号令，尔能从乎？"皆下马曰："唯命。"太祖
> 曰："太后、主上，吾皆北面事之，汝辈不得惊犯；大臣皆

我比肩，不得侵凌；朝廷府库、士庶之家，不得侵掠。用令有重赏，违即孥戮汝。"诸将皆载拜，肃队以入。[①]

三军将士之所以拥立赵匡胤代替后周皇帝，其主要目的就在于获取钱财，既然所拥立的新皇帝答应事成之后有重赏，自然应允照办。赵匡胤的这道命令使得陈桥兵变与五代时期其他频繁发生的兵变有了本质的区别，使得此次兵变成了天下由大乱到大治的转折点。得到三军将士全力拥戴的赵匡胤，便先遣心腹爱将潘美去京城见宰相等文武大臣通报兵变之事，并遣幕僚楚昭辅入城安慰其母亲杜氏等家人，告诉他们兵变已获成功，然后整顿三军回转马头，直扑守卫空虚的京城。

正月初四日，赵匡胤以迅雷不及掩耳之势迫使众大臣俯首称臣与周恭帝禅位。在群臣一片万岁声中，登基称帝，"迁恭帝及符后于西宫，易其帝号曰郑王，而尊符后为周太后"[②]。

正月初五日，赵匡胤定新朝的国号为宋，都城汴京，改年号为建隆元年，赵宋王朝自此建立。

陈桥兵变是一次有预谋、有计划的兵变，策动者有周密的计划、长远的打算，所以这次兵变十分成功。兵变成功之后，建立了长达三百多年的宋王朝。此后的一千年中，再也没有发生过拥立皇帝的兵变，直到辛亥革命帝制废除为止。

---

① （元）脱脱等撰：《宋史·太祖本纪一》，中华书局1985年版。
② （元）脱脱等撰：《宋史·太祖本纪一》，中华书局1985年版。

二、宋初所面临的形势

宋太祖赵匡胤虽然利用缜密的策划、部属的拥护，使兵变一举成功，并且以迅雷不及掩耳之势建立了赵宋政权，避免了改朝换代之际通常出现的那种刀光剑影、血流成河、百姓遭殃的动乱局面，赢得了人心，并迫使京城中拥护后周的势力和各地节度使、驻屯禁军，突然面对着一个强悍的新天子及忠于他的强大武装而一时手足无措，俯首称臣。但新政权依然面临着严重的危机：

第一，是来自拥护后周政权者的对抗。

在都城汴京，原北周官员中颇有对新朝不满者，但更多的是虽已俯首臣服，内心却依然抱着观望态度之人。尤其是来自禁军中的反对者，对宋太祖的生命安全带来了直接威胁。史载宋太祖即位之初，为考察民心、民意的向背，很喜欢微服私行。有一天出行，经过大溪桥，不知从何处射来一支冷箭，正中其坐车的车盖上，禁卫大骇。虽然出身行伍的宋太祖面不改色，下车拉开衣襟，笑称"教他射，教他射"，并不让左右去搜捕刺客，但此后也不敢再随意外出了。当时有军士将一柄内藏利剑的手杖献给宋太祖，称可防备非常之事，这位久经沙场的开国者不禁哂笑说："如我用上此物，天下事可知矣。"不过，宋太祖还是让自己的左右内侍太监都习练武艺，以备不测。但在忠于宋太祖的部队强力控制下，这些反对力量甚为微弱，萤火烛光，不足以使宋太祖君臣费神多虑。对赵宋政权真正构成威胁的是拥有重兵的地方节度使，其中兵广将众、声望显赫的昭义节度使李筠（驻屯潞州）和淮南节度使李重进（驻屯扬州）的威胁最大，这两藩镇不久即起兵叛宋。

第二，是来自北方契丹、北汉政权的军事威胁。

对于宋太祖来说，在军事上能真正对新兴的赵宋王朝形成最大威胁的，要属占据着北方燕云地区的契丹骑兵了。宋初，契丹疆域"东至于海，西至金山（阿尔泰山），暨于流沙，北至胪朐河（今克鲁伦河），南至白沟（今河北雄县白沟河），幅员万里"[①]。当年五代石敬瑭为换取辽的支持，将燕云十六州拱手相送，使得纵横于东北平原上的契丹骑兵不战而得到这一战略地位极其重要的地区，而将其南界向南推进到雁门关（今山西省忻州市代县北）、滹沱河（流经山西、河北）一线。辽政权对燕云地区给予了高度重视，将幽州（今北京）定为南京析津府，也称燕京，此后又改云州（今山西大同）为西京大同府（辽国先后设有五京，其他三京为：上京临潢府，其地在今内蒙古昭乌达盟巴林左旗境内；东京辽阳府，其地在今辽宁辽阳；中京大定府，其地在今内蒙古昭乌达盟宁城西大明城），并以此为基地，动辄扬鞭南下，牧马

---

① （元）脱脱等撰：《辽史》卷31　志第7　地理志一，中华书局1974年版。

中原。因此对中原王朝而言，具有重要战略地位的燕云十六州既失，处于燕山南麓的燕京地区被辽人控制后，整个华北平原便无险可守，门户洞开。崛起的契丹族不断参与骚扰中原地区的政治军事活动，并与北汉政权结成了同盟关系，严重威胁到赵宋王朝的北方安定。

第三，是来自南方割据政权对中原地区的觊觎与牵制。

自唐末五代以来，经过百余年分裂战乱的动荡，民众要求统一的呼声日趋高涨，而新建立的赵宋政权，其统辖区域并不太大，所控制的大体仅为今河南、山东、河北大部、山西南部、陕西大部、甘肃一部以及江苏、安徽、湖北的长江以北地区。因此，宋王朝在当时中国疆域内同时存在的诸多割据政权中，其疆域远小于契丹，只是强于南方诸割据政权及割据山西北部的北汉而已。这就使得南方诸国中实力最强的后蜀和南唐等国一方面深惧赵宋王朝的强大，另一方面也抱有北取中原、争霸天下的企图，他们互相频繁联系以求联合，图谋扼杀赵宋王朝这个生机勃勃的新生政权。

第四，是来自手握重兵将领的隐患。

宋太祖起身行伍，没有皇亲国戚的支持，没有特殊的背景优势条件，其所以能取得兵变成功、能够黄袍加身者，主要还是赖于他的私人势力的支持。赵匡胤的幕僚，除了宋太祖的弟弟赵光义以及著名的赵普以外，还有楚昭辅、王仁赡、吕馀庆、沈义伦、刘熙古、李处耘等人，这些人或长于治才，或优于理财，或善于兵戎筹谋。除文臣外，赵匡胤从后周显德初年就执掌殿前司，周世宗改革禁军时他又参与其事，故与许多武将联系密切，他们对赵匡胤的拥护，是导致后周政权倾覆、赵匡胤上台的重要原因。这批武将，又以世人所传的"义社十兄弟"最为著名。据《宋朝事实》卷九《勋臣》记载，义社十兄弟成员除赵匡胤之外，其他九人为：保静军节度使杨光义；天平军节度使、同平章事兼侍中石守信；昭义军节度使兼侍中李继勋；忠武军节度使、同平章事、中书令、秦王王审琦；忠远军节度使观察留后刘庆义；左骁卫上将军刘守忠；右骁卫上将军刘廷让；彰德军节度使韩重赟；解州刺史王政忠。正是倚靠"义社十兄弟"的支持、拥戴，赵匡胤才一举登上了新朝的皇帝宝座。然而，也正因为这些人手握重兵，更构成了对宋太祖皇权的潜在威胁。

第五，是社会经济的恢复与发展问题。

面对因长期战乱所导致的农业生产的破坏、田地荒芜、大量荒地得不到开发、"豪强兼并"等问题，都在考验着新建王朝统治者的治理能力。

上述形势，使得宋太祖不能不常怀忧惧之心，常思"亢龙有悔"，为政谨慎从事，费尽心力寻求正确的政策与策略来一一化解这些风险，以求江山一统、长治久安。

第二章　构建新的权力中枢

　　宋太祖登基后不久，即以宰相范质加侍中、王溥加司空，虽依旧为宰相，但免去他们参知枢密院事的职务，实际上是剥夺了他们参与军国机要决策之实权；宰相魏仁浦虽仍兼枢密使，但自赵普进入枢密院后，不再过问枢密院事务；另一枢密使吴廷祚则以"谨厚寡言"著称，故枢密院实权完全掌握在低调进入枢密院的宋太祖心腹赵普的手中。随着新王朝统治形势的日趋稳定，宋太祖罢范质等三相，让赵普先后充枢密副使、枢密使，名正言顺地执掌着枢密院诸项事务，形成新的权力中枢。此后，赵普独任宰相十年，因大权独断，引起宋太祖的不安，故命参知政事升政事堂，知印、押班、奏事，与宰相同议政事，以此扩大参知政事的权力，分赵普的宰相之权。至此，宋代中央行政机构的权力制衡格局基本确立。

一、高层人事的调整

宋太祖登基以后，为避免政局动荡，争取更多士大夫的拥护和支持，留用了全部后周官员，但其能信任和依靠的，主要还是义社兄弟、幕府谋士以及自己的亲属。

义社兄弟出身行伍，领兵打仗没有问题，可要他们处理国家政务却差强人意，因此宋太祖即位以后，首先提升自己幕府群僚的官职，出掌各要害部门的实权，其中最得宋太祖倚重的赵普即以枢密直学士的身份进入枢密院，并以皇弟赵光义为殿前都虞候，领睦州防御使，不久拜泰宁军节度使，通过这些亲信大臣将军政大权牢牢地掌握在自己手中。

早在后周世宗显德六年（959年），周世宗病危时，曾经力排众议，任命枢密使魏仁浦为宰相，并命范质与王溥皆参知枢密院事，成为辅佐其幼子的顾命大臣。周恭帝即位后，范质加官开府仪同三司，封萧国公；王溥加官尚书右仆射，魏仁浦加官刑部尚书，仍皆为宰相，执掌军国重事。虽然同时为宰相者三人，但以范质为首，军国重事皆取范质决策，王溥、魏仁浦二人辅佐而已。

当时，已颇有政治野心的赵匡胤十分注意搞好与这三位宰相的关系。史载，赵匡胤之母杜氏曾经到魏仁浦家中拜访，看见魏仁浦的幼子魏咸信，侍从在其母亲的身旁，举止言行如同成人，杜氏很喜欢他，想结成儿女亲家。因魏咸信当时年岁尚小，故至宋朝开宝年间（968—976年），才与宋太祖的侄女、赵光义之女儿成亲，被授予右卫将军、驸马都尉。范质虽忠于周帝室，但与赵匡胤的关系也不坏。而王溥更是眼见政局发展有异，反向赵匡胤暗输款曲了。

陈桥兵变后，范质、王溥和魏仁浦三位宰相迫于形势，皆表示拥戴赵匡胤为天子，而赵匡胤为使政局平稳过渡，并欲借助他们丰富的处理军政事务的经验，也留用他们三人为宰相。建隆元年（960年）二月，范质加兼侍中，王溥加守司空，魏仁浦加尚书右仆射兼，仍任宰相，但范质、王溥二人并罢参知枢密院事职务。因宋太祖的心腹赵普以枢密直学士执掌枢密院职事，所以范质等三人虽仍为宰相，魏仁浦也依然兼枢密使，但其职责主要在于国家行政事务的处置，而已被排挤出中央中枢决策机构。不过，在宋初稳定京城与各地局势、争取原后周官员和民心对新王朝支持，以及恢复、发展经济等方面，范质、王溥和魏仁浦三相还是尽心尽职，发挥了重要的作用。

《宋史·赵普传》说，宋王朝建立之后，赵普"以一枢密直学士立于新朝数年，待范质、王溥、魏仁浦三人罢相，始继其位为相，宋太祖不亟于酬其功，赵普不亟于得政"①。这种说法实属皮相之论，因为当时中央权力中枢就在枢密院，而不在宰相那里。

---

① （元）脱脱等撰：《宋史》卷256　列传第15，中华书局1985年版。

枢密院源起于唐代宗任用太监为内枢密使，执掌朝廷机密文书。北宋史学家司马光曾说："唐末，诸司使皆内臣（即太监）领之，枢密使参预朝政，始与宰相分权矣。降及五代，改用士人，枢密使皆天子腹心之臣，与议军国大事，其权重于宰相。"① 而且在五代后唐、后汉时期，政事皆归枢密院，"宰相充位而已"②。到周世宗时，朝廷大权独揽于皇帝，使得朝政独归枢密院的情况稍有改变。但枢密院之权依旧很重，所以周世宗临死前，要让顾命大臣、宰相范质、王溥参知枢密院事。宋太祖于登基后的第二个月，即建隆元年（960年）二月，以宰相范质加侍中、王溥加司空，依旧为宰相，但免去他俩参知枢密院事一职，实质上剥夺了其参与军国机要决策之实权；宰相魏仁浦虽仍兼枢密使，但自赵普进入枢密院后，不再过问枢密院事务；另一枢密使吴廷祚则以"谨厚寡言"③ 著称，故枢密院实权完全掌握在低调进入枢密院的枢密直学士赵普的手中。

是年八月，平定李筠叛乱后，宋太祖对立功之士论功行赏，特意嘱咐宰相说"赵普宜在优等"，于是赵普升任兵部侍郎，充枢密副使，作为枢密院的副长官，名正言顺地执掌着

---

① （元）马端临撰：《文献通考·卷50·职官考四》门干省，中华书局1911年版。

② （唐）韩愈著，（清）方世举编年笺注：《韩昌黎诗集编年笺注·卷2 苦寒》，中华书局2012年版。

③ （元）脱脱等撰：《宋史》卷257 列传第16吴廷祚。

枢密院诸项事务。建隆三年（962年）六月，吴廷祚罢枢密使。十月，赵普升任枢密使，由另一位赵匡胤幕府谋士李处耘补枢密副使之职。"乾德二年，范质等三相同日罢，以普为门下侍郎、平章事、集贤殿大学士。"①任命李崇矩为枢密使。当时因为没有宰相署敕，任命赵普和李崇矩的敕书就无法正式颁布，宋太祖想出了个权宜之计，他对赵普说："卿只管进敕书，朕为卿署名，可乎？"赵普却不同意，认为这不是帝王之事。于是宋太祖根据翰林学士窦仪的建议，让时任开封府尹、同平章事的赵光义在敕书上署名。因为唐、宋时期，以同平章事为宰相之正式官名，如以同平章事加节度使，则称使相，这同平章事即成荣誉称号，不参与宰相事务，但在名义上仍视同于宰相。故开封府尹赵光义即可以同平章事之名义代行宰相之事权。

赵普有机谋，通治道，慨然以天下之事为己任，且其与赵家关系非同一般，因而深得宋太祖的赏识和信任，所以他拜宰相以后，"上视如左右手，事无大小，悉咨决焉"②。而继赵普出任枢密使的李崇矩却号称忠厚长者，与宋太祖的关系亦不密切，因此中央事权就随着赵普从枢密院转到了宰相这边，使得宰相的权位压过枢密使一头。宋太祖专任赵普，见他事务繁杂，于是便想为他配备副手，却又不欲分赵普之权，

---

①　（元）脱脱等撰：《宋史》卷256　列传第15　赵普。
②　（元）脱脱等撰：《宋史》卷256　列传第15　赵普。

便找来翰林学士承旨陶毂问道："下宰相一等者为何官？"陶毂回答："唐代有参知机务、参知政事。"宋太祖便于是年四月始置参知政事一职，以兵部侍郎薛居正、吕馀庆为之，并下令：参知政事"不宣制（敕书），不押班（指朝堂上引领百官），不知印（相印），不升政事堂（宰相的办公场所）"，其俸禄待遇等皆仅为宰相的一半。由此使得地位低于宰相的参知政事几乎成为宰相的属官，"但奉行制书，备位而已"①。此后赵普独任宰相十年，因大权独断，从而引起天子的不安，故命参知政事升政事堂，知印、押班、奏事，与宰相轮日同议政事，以此扩大参知政事的权力，分宰相赵普之权。至此，宋代中央行政机构的格局基本确立。

　　通过上述的人事变动与调整，宋太祖在不改变原来机构和原有官员的情况下，通过将心腹放入要害部门任职，以较低的官职执掌中枢的实际职权，从而平稳地构建起完全听命于自己的新的中央政府权力班底。

二、宋初文臣百态

　　宋太祖通过缜密策划一举发动的陈桥兵变，仅一日时间，就从孤儿寡母手中夺得了天下，那众多未参与密谋的后周旧

---

　　①　（宋）释文莹撰：《玉壶清话》卷6，中华书局1984年版。

臣，面对忽然出现的昨日旧同僚、今日新天子，心中可谓五味杂陈，有不满而反抗的，有投机而献媚的，而更多的是暂时观望以抉择去就的。其中公开起兵反抗的后周高官有韩通、李筠和李重进三人，他们是宋太祖在篡夺后周政权时最为忧虑的三大危险势力，但他们的先后惨败，使得那些对新朝心怀不满且力量不及他三人的各地方镇再也不敢轻举妄动。而那些文臣更是只能把不满藏于心中，偶尔做一些消极的发泄，此可以王著为代表。而为得到个人私利而投机、献媚新朝的，此可以陶穀为代表。与前二类人数不同，暂时观望以抉择去就的官员占绝大多数，其中如宰相范质等人处于权力中心，不得不于第一时间对新天子表示效忠外，其他官员是在看到新朝的统治渐趋巩固以后，才逐渐接受新天子的，此类官员可以窦仪为代表。因为王著、陶穀和窦仪在宋初皆官翰林学士，而就任翰林学士者皆文才出众，这在某种程度可视为文士学者的代表，所以选此三人为案例进行分析，就颇能反映出当时士大夫们对新朝的心态和合作的程度。

宋初姓名王著者，据《宋史》所载有二人，一为书法家，宋太宗时曾侍从天子，官著作佐郎、翰林侍书，另一人即为翰林学士王著。

王著，字成象，单州单父（今山东单县）人。他生性豁达，胸无城府，善属文，于后汉乾祐年间举进士及第。柴荣在侍从郭威镇守邺都时，知道王著之名声，特意召置门下为幕僚。后周建立之后，柴荣镇守澶州，王著为观察支使，后随柴荣入朝，迁殿中丞。柴荣即位，王著作为天子旧臣，拜度支员外郎，后拜翰林学士。王著作为周世宗的幕府旧僚，才干出众，且对周世宗忠心耿耿，又善于与人交往，喜好称誉后进，为当世士大夫所推重，周世宗也十分信任他、尊敬他，称呼他为"学士"，而不称呼他的名字，时常将他召入禁中谈话，并命皇子出拜王著。周世宗屡次欲拜王著为相，但由于他嗜酒如命，举止散漫，所以一直未能重用。后来周世宗病危，召范质、赵匡胤等文武大臣付托后事，特地嘱咐范质说："王著藩邸旧人，我若不讳，当命为相。"①范质等人应允，然出宫后，范质却对另两位宰相说道："王著终日游醉乡，乃一酒徒，岂堪为宰相！慎毋泄露此言。"②故王著依然为翰林学士如故，但安葬周世宗之事，全仗王著尽心尽力，才得以圆满完成。

赵宋王朝建立以后，王著加官中书舍人。建隆二年（961年），各地纷纷进献吉祥瑞物，以作为新朝顺应天意的象征，如亳州献紫芝、郓州获白兔、陇州贡黄鹦鹉等，王著为此特意撰写了颂文，但语含规谏之意，宋太祖倒颇有容人的雅量，对王著的颂文大加称扬，并特下诏书嘉奖。王著因无力反抗，虽已逐渐接受了现实，但心中块垒仍时不时借助酒气发泄出来。据丁传靖《宋人轶事汇编》记载：

① （元）脱脱等撰：《宋史》卷269 列传第28 王著。
② （清）吴乘权等辑：《纲鉴易知录》目录 后周纪、贡帝 后周显德六年，中华书局1960年版。

　　太祖尝曲宴翰林学士王著，御宴既罢，著乘醉喧哗，太祖以前朝学士优容之，令扶以出。著不肯退，即趋近屏风，掩袂恸哭，左右拽之而去。明日，或奏曰："王著逼宫门大恸，思念世宗。"太祖曰："此酒徒也，在世宗幕府，吾所素谙，况一书生，虽哭世宗，能何为也。"①

　　宋太祖对王著以德报怨，固然有其性格豪爽、不拘小节的因素，更主要的还是着眼于争取后周旧臣对自己的归附。因为周世宗虽为明君，但"用法太严，群臣职事小有不举，往往置之极刑"，所以宋太祖的做法，倒亦颇能赢得那些大臣们的钦佩与倾服。

　　虽然酒醉痛哭禁中之事，因宋太祖的宽宏大量而未造成恶果，但王著并未因此而有所收敛，反而索性自暴自弃，时常违反禁令，醉宿倡家，可宋太祖知道后还是未加追究。但宋太祖的忍耐毕竟是有限的，到乾德元年（963年）春，身为翰林学士的王著在禁中值夜班，又一次违禁大醉，头发倒垂下来披在脸上，敲击滋德殿门求见天子。宋太祖看到他几次三番如此无礼，不禁发怒，就以他此前曾醉宿倡家的罪名，罢免他翰林学士之职，黜为比部员外郎。但第二年又让王著重新担任起草政府文书的知制诰之职，到开宝元年（969年）再任命他为翰林学士，加官兵部郎中。次年冬天，郁郁不得

---

　　① 丁传靖辑：《宋人轶事汇编》卷1《太祖》，中华书局2003年版。

志的王著暴卒，终年四十二岁。

同始终与新朝有着隔膜的王著不同，陶穀却是努力要讨新天子的欢心，以作为自己在仕途上的进身之阶。

陶穀，字秀实，邠州新平（今陕西彬县）人，本姓唐，为避后晋高祖石敬瑭之讳而改姓陶。十余岁时即能文，入仕为校书郎、单州军事判官，曾以文章谒见宰相李崧，李崧很欣赏其文笔，就奏任其为著作佐郎、集贤校理，累迁为虞部员外郎、知制诰，所撰诏书切合君意，加官仓部郎中。后晋末年，契丹皇帝耶律德光攻占汴梁，数月后北归，死于半途。后汉高祖刘暠趁机进入京师，建立后汉政权。当时契丹人胁令后晋宰相以下臣僚皆随从北去，待到耶律德光死后才逃归。但待李崧回到开封城，却发觉自己的田园住宅都被后汉高祖刘暠赐给了宠臣苏逢吉。李崧的家人由此数出怨言，苏逢吉得知后大为不悦，就与陶穀商议，引诱李崧家中仆人诬告李崧，使李崧的弟弟等人皆下狱问罪，李崧畏惧，遂称病杜门不出。李崧的族侄李昉为秘书郎，来探望族叔，带来了陶穀在众人中厚诬李崧的消息，李崧不禁叹息说："陶穀为单州判官时，吾取为集贤校理，不数年擢掌诰命，吾何负于陶氏子哉？"陶穀恩将仇报陷害李崧的目的，就是为了讨好天子宠臣。

李崧被苏逢吉害死以后，有一次李昉因公事拜访陶穀，陶穀问道："识李侍中（李崧官侍中）否？"李昉答："我之族叔。"陶穀得意地说："李氏之祸，陶穀出力了。"李昉听后不禁冷汗淋漓。周世宗即位后，陶穀迁户部侍郎。当周世宗亲征河东抵御北汉、契丹联军之际，有大臣鱼崇谅因母亲生病而来迟，陶穀就趁机向天子告发鱼崇谅"有顾望之意"，周世宗听后颇为不快，就让鱼崇谅回家侍奉母亲去了，而提拔陶穀为翰林学士，不久迁翰林学士承旨。

因此，陶穀虽然强记嗜学，博通经史、诸子、佛道典籍，为人隽辨宏博，然因精于钻营奔进，闻知达官贵人有声望者，则巧言排挤陷害，所以在官场中的口碑不佳，在五代、宋代笔记中有多则陶穀出乖露丑的记载。比较有名的一则是说在后周时，陶穀奉命出使南唐，欲探视江南虚实。他初到金陵，神色凛然，就是在酒宴上也不苟言笑。但南唐宰相韩熙载却对左右说："吾观陶公非端介正人，其操守可坠也。诸君请观之。"于是请来金陵秦淮河畔一个名叫秦弱兰的歌女，让她诈称是驿站士卒之女，弊衣竹钗，每天在驿站内洒扫干活。因秦弱兰为绝色少女，声如黄鹂，故不数日，陶穀的原形毕露，就放下了勉强维持着的假面具，与她一夜共眠，并在次日分别时写了一首《春光好》词送给她：

> 好因缘，恶因缘，奈何天，只得邮亭一夜眠。别神仙，琵琶拨尽相思调，知音少，待得鸾胶续断弦，是何年？①

数日后，南唐主宴请陶穀，命人用琉璃大杯斟酒请他畅

---

① 丁传靖辑：《宋人轶事汇编》卷4　陶穀。

饮，但陶榖依旧道貌安然，略不一顾。于是韩熙载就请出了秦弱兰，清唱陶榖所撰的词曲来劝酒，至此陶榖只得尴尬地捧腹大笑，不敢不饮，连饮数大杯，醉酒呕吐，极为狼狈。南唐君臣对他甚为不屑，礼数大减。待到陶榖北还中原之时，南唐主只是派了几个小官，在郊外设一酒席饯行而已。

　　虽然陶榖的人品无足称道，不过他的政治嗅觉却极为灵敏。如周世宗在高平之战后，训兵讲武，思统一天下，故让近臣二十余人各撰《为君难为臣不易论》《平边策》进呈，其中只有陶榖、窦仪、王朴等数人认为"封疆密迩江、淮，当用师取之"，甚合天子之意，从而荡平淮南之意更为坚决。而在陈桥兵变，赵匡胤举行接受周恭帝的"禅让"之礼时，遇到了事先未预备禅让之文的尴尬事，这时站在众官中的陶榖就充分显示了自己的政治预见性，适时地从怀中取出早已经贮备好的禅让文章，进呈道："已成矣。"但出乎陶榖意料的是，他屡试不爽的献媚之策，并未获得宋太祖的青睐，故宋初陶榖虽然依例升官，迁礼部尚书，但都未得重用，依旧为翰林学士承旨。

　　此时，同为翰林学士的窦仪因甚有时望，并甚得宋太祖的敬重，有大用之意，于是陶榖就依附宰相赵普倾轧窦仪，使窦仪终于不得拜相。陶榖倾轧窦仪的目的就在于自己能爬上去，他曾自言道："吾头骨法相非常，当戴貂蝉冠尔。"[①] 貂

---

① （元）脱脱撰：《宋史》卷 269　列传第 28　陶榖。

蝉冠指宰相的官帽，其渴望拜相之欲望显露无遗。但宋太祖屡屡提拔官职、资历等皆低于陶縠的官员为执政、宰相，陶縠的官职却依然如故，这使陶縠大惑不解，就托人到宋太祖那里为自己说好话，称陶縠在翰林效劳多年，宣力颇多，暗指当初在宋太祖即位之际，自己曾立下了不小的功劳，欲天子赏赐一宰执官做做。但宋太祖不为所动，反而对来人笑道："听闻翰林起草诏书，皆检寻前人旧本，改换词语，此乃民间谚语所称的'依样画葫芦'而已，何宣力之有！"陶縠得知天子如此说，大为失望，便作了一首诗发泄心中的愤懑，曰：

> 官职须由生处有，才能不管用时无。[①]
> 堪笑翰林陶学士，年年依样画葫芦。

宋太祖听到陶縠写了这样一首诗后，大为恼火，就决意不重用陶縠，至开宝三年（970 年）陶縠死时，依旧为翰林学士承旨。

关于"年年依样画葫芦"之诗，传说还有这样一个笑话。入宋以后，陶縠又一次奉命出使，此次是到吴越国，吴越王因他是宋朝使臣，不敢怠慢，礼数颇为周到。有一天设宴，吴越王取来海鲜蝤蛑（俗称梭子蟹）款待。陶縠询问蝤蛑同

---

① （宋）孔平仲撰：《孔氏谈苑》卷 4《翰林依样画葫芦》，中华书局 2012 年版。

类，吴越王便让人拿来自蝤蛑至蟛蜞（一种小蟹）等大大小小十余种，陶穀笑道："真所谓一蟹不如一蟹。"暗嘲吴越国君自开国之君钱镠以下至此是一代不如一代。吴越王自然也听得懂陶穀的话中之话，就特意叫厨师烹制了一道葫芦羹送上来，说："这是先王喜爱的菜肴，厨师依样制作的。"以此来嘲讽陶穀只是"依样画葫芦"而已。

但陶穀作为宋初闻名之文臣、翰林学士，对宋初文化礼仪制度的制定、完善方面，还是起着重要的作用，所以宋太祖虽对他"奔竞务进"甚为鄙薄，然而在他死后，还是赠官尚书右仆射。

与王著、陶穀处于两端者不同，大多数官员如窦仪之类则是在观望中逐渐接受了宋太祖统治的事实，而后决心效力于新朝的。因为在五代乱世，改朝换代实为一司空见惯的平常事情，后世理学家所竭力宣扬的"忠节"思想，很少在那时的人身上有所体现，所以当赵匡胤利用兵变篡夺了后周政权，尚在惊骇之中的众多士大夫旋即接受了现实，再随着新天子迅速镇压了二李起兵反叛，稳固了其统治，那些观望中的士大夫们亦就随之投身新朝，成为新朝的拥趸。

窦仪，字可象，蓟州渔阳（今天津蓟县）人。窦仪十五岁即善文章，学问优博，风度峻整，后晋天福年间举进士及第。窦仪有四弟，名窦俨、窦侃、窦偁、窦僖，此后相继登科，宰相冯道曾赠诗给窦仪的父亲，有"灵椿一株老，丹桂五枝芳"①之句，故当时号为"窦氏五龙"。窦仪历任右补阙、礼部员外郎、知制诰等职，后周太祖郭威时召为翰林学士，周世宗时迁端明殿学士，后判河南府兼知西京留守事，周恭帝即位后，迁官兵部侍郎。

显德年间（954—960 年），周世宗亲征淮南，赵匡胤率军攻克滁州，周世宗遣窦仪前来登录仓库中财物。此时赵匡胤让人来取仓库中绢绸，欲用来赏赐麾下士兵。窦仪拒绝道："太尉当初攻下此城时，虽将仓库中之财物全部赏赐给军士，谁敢有言！现今既已登录，即是国家之物也，非诏令不可擅取。"赵匡胤由此对窦仪十分器重。

北宋建隆元年（960 年）秋，窦仪迁官工部尚书，兼判大理寺。此后，因翰林学士王著醉酒失礼贬官，宋太祖谓宰相说："禁中深严之地，当待宿儒处之。"范质回答："窦仪清介重厚，不过已自翰林学士迁升端明殿学士矣。"宋太祖一听是窦仪，就明确表示："非此人不可处禁中，卿等当以朕意谕之，勉令就职。"于是窦仪即日再入为翰林学士。但如窦仪一类官员，因不是陈桥兵变中的元勋功臣，又与宋太祖的关系较疏远，故而每每遭到宋太祖亲信大臣的排挤。如此后宋太祖屡次对大臣称赞窦仪有执守，打算拜他为宰相，但宰相赵普忌疑窦仪刚直，不利于自己独掌朝政，就会同陶穀等人

---

① （宋）陈景沂编辑，（宋）祝穆订正：《全芳备祖》卷之 13　花部，浙江古籍出版社 2014 年版。

倾轧窦仪，并荐引薛居正为参知政事。乾德四年（966 年）冬，窦仪病死。宋太祖闻讯，大为惋惜道："天何夺我窦仪之速耶！"①赠窦仪官封尚书右仆射。

宋代笔记中有这样一则记载，称窦仪于开宝年间（968—976 年）为翰林学士，当时宰相赵普独揽朝政，引起宋太祖的猜疑。有一天召见窦仪，谈起赵普所为之事多不合法度，并称誉窦仪早负才望，想听听外界对赵普的评价，为罢免赵普宰相预作准备，不料窦仪极口称誉赵普是开国功臣，公忠亮直，宋太祖大为不悦。窦仪回家后对家人说："我必不能做宰相，但亦不去崖州（今海南）。"宋太祖随后召见另一翰林学士卢多逊，卢多逊与赵普有过节，又欲得进用，所以便攻讦赵普之短，后来果然赵普罢宰相，卢多逊为参知政事，再拜宰相，但最终遭贬官，发配崖州。这则记载传播很广，且窦仪忠厚刚介，不落井下石，亦符合窦仪平日的为人，但这事却是假的，因为到开宝年间，窦仪早已过世，不可能被宋太祖召见来议论赵普的短长。

随着成功地将后周文臣转换为新政权的拥护者，下一步，宋太祖便开始着手解除禁军大将兵权问题了。

---

① （元）脱脱等撰：《宋史》卷 263　列传第 22　窦仪。

第三章　杯酒释兵权

在兵制改革中，宋太祖赵匡胤大致采用了三条措施来保证皇帝对军队的绝对控制。这就是：（1）枢密院——"三衙"的统兵体制；（2）文武殊途的行政体系；（3）务求循谨的御将之道。第一，枢密院——"三衙"的统兵体制，是把军队的训练、调动和出征的职责分而为三，枢密院掌管军政、军令，"三衙"掌管军队的日常训练、管理工作，临时派遣将帅统兵出征。三者均向皇帝负责。这就充分保证了军权归皇帝掌握，三者均不可能拥兵自重，从而有效地保证了皇权的稳定。第二，文武殊途，是指在中央政府，以中书掌国政，枢密掌军政，并称二府；武将的升迁、黜陟，均由枢密院掌握。唐朝那种出将入相的情况，在北宋不再出现。宰相、参知政事绝无武将出身者，枢密副使也极少由武将出身者。这样，便形成了如此局面：掌军国大政者，与军队无甚关系；军队出身的将帅，又无干政之可能。于是，皇帝对军队的控制又多了一重保障。第三，至于宋初的御将之道，宋太祖在"杯酒释兵权"之后，其御将之道已以务求循谨为核心，"三衙"之帅，不用能将、宿将，而用庸将、新将；对武将的擢升或褒崇，都无不以其忠实程度为取舍标准。到宋太宗时期，更进一步发展了这种御将之道。宋太宗明确对近臣说："朕选擢将帅，先取其循谨能御下者，武勇次之。"

一、杯酒释兵权

公元 960 年，宋太祖赵匡胤通过陈桥兵变建立大宋帝国政权后，一个问题就像幽灵一样一直萦绕在他的内心深处，令他寝食不安，那就是：怎样才能永远避免"陈桥兵变"的历史重演？如何保证赵宋王朝的长治久安？

军人掌握足够的兵权，拥有足够的力量，就能发动政变、改朝换代。这种事情在五代十国以来不断上演。赵匡胤由兵变做上了皇帝，某一天，他的部将会不会也发生"黄袍加身"、改朝换代的事情呢？宋太祖是眼界开阔、头脑清醒的一代英主。他从晚唐以后的惨痛历史中深刻认识到军阀拥兵自重、武装割据、地方分裂的严重政治危害，因此从登基之日起，就慎重思考如何避免重蹈覆辙。

起初，宋太祖赵匡胤并没有太担心武人弄权的事件再次上演。不是他不懂得统兵大将权力过大的严重危害，而是他性格阔达，御将有道，宽厚仁慈，自信这种事情不可能会发生在他自己的部下身上。

然而，心腹赵普却不这么认为。

赵普不仅是宋太祖十分信任的幕僚首领，而且也是陈桥兵变的主要策划人之一。他深信不能将国家大事建立在感情与信任的基础之上，必须要用制度来制约，才能避免改朝换代悲剧的发生。

北宋建隆二年（961年），宋太祖赵匡胤跟赵普有过一番对话，这番对话主要是宋太祖向赵普问询长治久安之策。

宋太祖问赵普："天下自唐季以来，数十年间，帝王凡易八姓，战斗不息，生民涂地，其故何也？吾欲息天下之兵，为国家长久计，其道如何？"

赵普听后马上回答说："此非他故，方镇太重，君弱臣强而已。今所以治之，亦无他奇巧，惟稍夺其权，制其钱谷，收其精兵，则天下自安矣。"

宋太祖说："卿勿复言，吾已喻矣。"[1]

在这番对话中，赵普从收回拥有重兵将领手中"权、钱、兵"三方面提出了自己的观点，直指要害。其意要把政权、财权、兵权从方镇手中夺回来完全归皇帝所有，换言之，用"夺、制、收"的办法使方镇与政权、钱财、精兵三者分离。核心是财政，但当务之急却是兵权。

---

[1]　（宋）李焘撰：《续资治通鉴长编》卷2太祖建隆二年，中华书局2004年版。

不过，赵普的建议起初并不为宋太祖所采纳。因为宋太祖对当时的部下非常信任。谁叛，谁不叛，他心中有数，而且是有相当自信的。

其实，宋太祖的自信也并非没有道理。

因为陈桥兵变前，宋太祖赵匡胤是从禁军士兵一步一步起家的，他"掌军政凡六年，士卒服其恩威"[1]，在禁军中有很深厚的根基和影响力。

前面说过，赵匡胤集团，除了有以赵普为代表的文臣辅佐之外，赵匡胤在军中亦广结善缘，和许多军官感情都很好，例如他所结交的"义社十兄弟"就是突出的代表。此外，后周禁军一些手握重兵的大将，诸如慕容延钊、韩令坤、赵彦徽、高怀德等，也都是与赵匡胤相交多年的密友，在"陈桥兵变"中大多扮演了主谋的角色。这些人，对宋太祖赵匡胤来讲，应该都是信得过的。

正因为如此，当赵普劝说宋太祖削夺统兵大将权力的时候，宋太祖有些不以为然，认为是赵普"过虑"。"时石守信、王审琦等皆上故人，各典禁卫。普数言于上，请授以他职，上不许。"[2]但在赵普不断地劝说中，有些话还是触动了宋太祖的，使其态度渐渐了转变，倾向于尽快削夺统兵大将的权力，因为这些人对皇权的威胁最是直接。

---

① （宋）李焘撰：《续资治通鉴长编》卷一，太祖建隆元年正月辛丑。
② （宋）李焘撰：《续资治通鉴长编》卷二，太祖建隆二年七月戊辰。

根据史书记载，赵普之所以能触动宋太祖赵匡胤下决心收回兵权，与下面的一段对话有很大的关系：

宋太祖："彼等必不吾叛，卿何忧？"

赵普："臣亦不忧其叛也。然熟观数人者，皆非统御才，恐不能制伏其下。苟不能制伏其下，则军伍间万一有作孽者，彼临时亦不得自由耳。"①

太祖方悟而从之。

赵普担心石守信、王审琦都是不能节制部下的人，万一他们的部下在军中作乱，届时石、王二人恐怕会身不由己。赵普这番话触动了宋太祖，促使他下决心解除石、王等人的兵权。

于是，中国历史上最具有戏剧性的一场和平"夺权"行动随即展开，这就是"杯酒释兵权"。

事件发生在北宋建隆二年（961年）七月的某个时间。按《续资治通鉴长编》等记载，这天，宋太祖召集石守信、高怀德、王审琦等高级将领举行了一次宴会。

当酒喝到正酣的时候，宋太祖开始诉苦和感叹："做皇帝也太艰难了，还不如做节度使快乐，朕整个夜晚都不敢安枕而卧眠啊！"

将领们十分不解地询问其缘故。

---

① （宋）李焘撰：《续资治通鉴长编》卷二，建隆二年七月戊辰。

宋太祖回答说："这不难知道，朕这个皇帝的位置谁不想要呢？"

此言一出，把大家吓一跳，赶紧叩头表示："陛下何为出此言？今天命已定，谁敢复有异心？"

宋太祖说："事情不像你们说得那么轻巧。你们虽然没有异心，然而你们部下想要富贵，一旦把黄袍加在你的身上，你即使不想当皇帝，到时也身不由己了。"

石守信等人听罢，赶紧跪求宋太祖给指明出路。

宋太祖于是说出了自己早已给他们想好了的去处。

宋太祖说："人生在世，像白驹过隙那样短促，所以爱好富贵的人，不过是想多聚金钱，多多娱乐，使子孙后代免于贫乏而已。所以你们不如放下兵权，去镇守地方，多置良田美宅，为子孙立永远不可动的产业。同时多买些歌妓舞女，日夜饮酒相欢，直至终年。我同你们再结为儿女亲家，君臣之间，两无猜疑，上下相安，这样不是很好吗？"

石守信等人叩头称谢。第二天，石守信、高怀德、王审琦等人纷纷称病、请求解甲归田。宋太祖顺水推舟解除了他们的兵权，同时，给予他们丰厚的赏赐。

当然，对于上述故事，史学界一直怀疑它是否在历史上真实存在过。因为正史作品《宋史》中没有提及。它的最早记载，是王曾（公元978—1038年）的《王文正公笔录》。此后，司马光的《涑水纪闻》、王辟之的《渑水燕谈录》等北宋史籍对"杯酒"一事亦有记载。这些记载，在文辞、情节详略上有所不同，在有关"杯酒"一事的时间、诸将释兵权后的职务安排等方面亦有分歧，但都能基本证实"释兵权"一事确实发生过。其中李焘在《续资治通鉴长编》中的考订是极为严谨的。现在对"杯酒释兵权"的引用，一般都以李焘考订出来的版本作为依据，倾向于相信它的存在。

但真实的历史是错综复杂的。

实际上，宋太祖"释兵权"的措施是逐步深入、分批分次进行的，其对石守信、王审琦、高怀德等人的兵权的解除也只是水到渠成的一种结果。

历史上，宋太祖收回兵权主要是通过四次举措才得以完成的：

第一次发生在北宋建隆元年（960 年）八月。宋太祖调张光翰和赵彦徽"出守大藩"，分别外放为永清军节度使、建雄军节度使，同时自动解除他们在禁军中的军职。这是宋太祖第一次对禁军将领作重大调整。因为"出守大藩"既在名义上是"高升"，同时又享有"节度使"的优厚待遇，所以此二人愉快地接受了安排，外界也没有过度联想和关注。

第二次发生在北宋建隆二年（961 年）闰三月。宋太祖又如法炮制，在庆贺平定李重进的叛乱时，以加官晋爵的名义解除了"殿前都点检"慕容延钊和"侍卫马步军都指挥使"韩令坤的禁军军职。慕容延钊以"侍中"（高级宰相）衔外放为山南系道节度使、西南面兵马都部署，韩令坤同样以侍中衔改任成德军节度使、北面缘兵马都部署。自此，"殿前都点检"的位置开始长期空缺。慕容延钊和韩令坤的外调，也是既有名义上的"高升"，又有节度使的优厚待遇，同时还能对诸多地方驻扎军队拥有指挥权。所以这批次的人事调动也相当地和平。甚至，慕容延钊对宋太祖的安排几乎到了"心领神会"的地步。

至于发生在北宋建隆二年（961年）七月的"杯酒释兵权"，实际上只能算第三次的"释兵权"了。不管这第三次的"释兵权"是否发生在酒宴中，石守信、王审琦、高怀德、张令铎的禁军职权同时被解除却是不争的事实。此时距离第二次"释兵权"才四个月时间。而且石守信、王审琦、高怀德、张令铎被解除禁军职权后，也并不是真的就解甲归田了。宋太祖的安排，依然是"外放"去做节度使：石守信为天平节度使，高怀德为归德节度使，王审琦为忠正节度使，张令铎为镇宁节度使。至此，禁军中只剩下宋太祖的亲弟弟赵光义仍旧在禁军中任职了。不过，这也只是暂时的事。因为下面还有第四批次的"释兵权"。

第四次的"释兵权"是紧随"杯酒释兵权"之后，宋太祖调任赵光义为开封府尹，并解除其殿前都虞候的禁军职务。

至此，禁军两司（殿前司、侍卫司）的各级军官已经全部被替换掉了。

由此可见，"杯酒释兵权"只是宋太祖赵匡胤"释兵权"的一个著名样本而已，并不是"释兵权"的全部动作。所有批次的"释兵权"，都仅仅是针对"禁军"的各级将领——都是解除禁军将领的兵权——而不是地方节度使的兵权。但必须要承认的是，包括"杯酒释兵权"在内的四次"释兵权"，都是在比较和平、和谐的亲近情况下完成的。在"释兵权"的过程中，皇帝与这些禁军将领之间，近乎达成了默契。

放下禁军职权的将领不仅没有了人身安全上的顾虑，而且还能享受经济上的优厚待遇，也能继续维持在军队中的昔日的声望和荣誉。有些将领还和皇帝结成儿女亲家，增进了和皇帝之间的私人感情。对于皇帝而言，卸任的禁军将领以各地节度使的名义，还在军中任职，可以继续在必要时参加大宋的统一战争；而新上任的禁军将领通常是军中级别和名望较低的军官，他们在军队中的威信远远不足以策划"陈桥兵变"这样改朝换代的政变。这意味着皇帝的个人安全和地位得到了空前的保障和巩固。

从表面上来看，第一代开国将帅由此调出京城，"各守外藩"，武人干预中央政治的局面为之改变；此后，新提拔的第二代将帅，资浅功薄，自然无法与皇帝——甚至与赵普等开国文臣相抗衡了。实质上，此番系列动作和平地消除了开国皇帝和开国功臣之间的矛盾，避免了历史上类似勾践、刘邦等诛杀开国功臣悲剧的重演，在君主专制的时代，能够做到这一点，委实不易，这要归功于宋太祖不同凡响的政治智慧。

更重要的是，"杯酒释兵权"不仅结束了五代十国以来强臣悍将发动兵变改朝换代的局面，而且其深远的影响，还在于为宋王朝营造了一种较为文明和理性的开国氛围，从而影响和带动着宋代的政治生活向着相对宽松和文明的方向发展，并最终形成了"未尝轻杀臣下""不以文字罪人""不杀士大夫及上书言事人"等值得肯定的政治传统。而且，军人干政局面的结束，也使得皇帝有时间致力于国家的统一和开展经济建设。所以，包括"杯酒释兵权"在内的、各批次的"释兵权"，都应该视作一种"双赢"的结局。

这种君臣"双赢"的合作局面之所以能够形成，与宋太祖个人政治智慧是分不开的。五代十国以来，不是没人注意到军人跋扈的危害性，也不是没人想过要杜绝此类现象的发生。然而，非不想为也，实不能为也！

宋太祖能和平、和谐地解除禁军将领的职权，是由多种因素共同促成的，这些因素在之前的朝代并不同时具备。总结起来，至少表现为三个方面：

第一，宋太祖在军中足够的地位和个人威望。否则，既不可能有陈桥兵变——拥戴他改朝换代当皇帝的事情发生，也不会有这些禁军高级将领在政变后对他的持续支持和表现出一贯的忠诚。

第二，宋太祖在解决禁军将领职权的问题上，非常有策略、有步骤。他的基本策略和步骤可以归纳为：先易后难、名正言顺、明升暗降、待遇优厚。第一批次的"释兵权"，就是遵循了"先易后难"的策略。被调离岗位的是禁军中级别较低的将领，不容易引起高级将领的恐慌，"释兵权"的战略意图也不明显。第二批次的"释兵权"，选在平定李重进的叛乱之后，平定叛乱自然需要论功寻赏。这个正确的时机，给了宋太祖"名正言顺"调整人事安排的理由。且被调离禁军职位的将领，都在军中获得了足够多的职务补偿和名义上升职的安排。第三批次是"杯酒释兵权"，看上去这是实在没什么理由的情况下而随意为之。但此番人事安排之所以能够顺利成功，是以前面人事安排已经调整完毕、石守信等人相对被孤立为前提的。另外，宋太祖给出的待遇也是对方无法拒绝的——既是节度使，又是宰相，再加"约为姻亲"和丰厚的赏赐。

第三，赵普的不断建议和坚持。从历次"释兵权"来看，宋太祖很可能早有此意，而且自有计划和步骤，只是他并不急于为之。但赵普是非常坚决、积极鼓励宋太祖尽早削夺禁军大将职权的。他的许多观点，非常具有文官集团的代表性。

不过，以"杯酒释兵权"为代表的系列"释兵权"举措，并不能代表皇权可以自此永远高枕无忧。因为假以时日，那些第二代禁军将领也会在禁军中逐渐建立自己的威信，进而重新威胁到皇权；那些已经外放为节度使的第一代禁军将领，也可能会重新威胁中央集权。这意味着武将对中央集权的威胁始终没有彻底根除，随时有可能重新激化矛盾、发动叛乱或者政变。那么，届时北宋统治者又该如何是好？此时的宋太祖赵匡胤想到这一层了吗？

二、军制的改革

作为开国之君，宋太祖对于国家治理是有系统而长远考虑的。"杯酒释兵权"只是解除禁军统兵将领兵权、加强中央集权的一个权宜之计而已。

对于如何巩固皇权，宋太祖实际上早已深谋远虑，形成了一个全盘的战略规划。以杯酒释兵权为开端，北宋王朝全面而深刻的军事、政治改革，才刚刚拉开序幕。

在君主专制时代，无论如何，君主是不可能"一个人"独自统治国家的。他需要军队来保卫自己和国家，他也需要文官来协助自己治理中央和地方。但是权力一旦下移，军队可能会不受控制，甚至反过来威胁自己；文官可能会不称职，甚至背叛君主。这是君主专制的矛盾，也是君主专制的"原罪"——任何"君主专制"的国家或者社会都无法摆脱这样的矛盾。结果，君主在巩固自己的权力、地位过程中，常常首尾不能兼顾——总是不免衍生出各种头疼的问题，最终都表现成为巩固皇权与中央集权而产生各种形式的斗争。

对于宋王朝而言，武将的不可靠，宋太祖是最有深刻体会的。那么文官就可靠么？文官同样也不可靠。陈桥兵变后在实际利益面前所表现出来的种种文臣面相就给了宋太祖最好的说明。并且殷鉴不远、历史上的类似事情触目惊心。远有秦朝丞相李斯与内廷赵高作乱祸国，近有唐玄宗统治时期的杨国忠、李林甫的朋党之争，这些人居庙堂之高、掌丞相之职，前者于秦始皇三十七年（公元前 210 年）发动了宫廷政变（沙丘之变）、后者则在唐天宝年间（755—763 年）专权误国终致"安史之乱"并导致唐王朝由盛转衰。所以，巩固统治，不能独独对武将"释兵权"。

宋太祖深谙历代王朝兴亡盛衰之道，处心积虑地汲取每一个经验教训。皇帝统治国家，需要同时笼络文臣和武将，使之为皇权效力；但文臣和武将的权力都不能过重，且应当受到监督和制约，确保皇帝能始终高高在上、掌握全局。这就需要在制度上作出高超的顶层设计，从制度上消灭各种乱臣贼子的私欲空间，以确保国运永昌。这是保障君主专制政权长治久安的根本大计。

随着禁军的开国将领逐一外放为节度使，其在禁军中的位置被资浅望轻的将领所取代，解决了权臣悍将利用禁军发动军事政变的问题，宋太祖赵匡胤又向前迈开了宋王朝军制改革的步伐。

宋太祖的军制改革主要有四项内容：

第一，分散军权。将禁军的衙门由"两司"拆分为"三衙"。

前面已经说过，"禁军"不管是在后周还是在北宋立国之初，都是中央军、正规军、主力作战部队。宋太祖在改革前，北宋承袭后周军制，禁军分为"殿前军"和"侍卫马步军"分别由"殿前司"和"侍卫司"两个机构管辖，并且殿前司的地位高于侍卫司。

但"杯酒释兵权"之后，随着禁军将领的外迁，宋太祖顺势陆续撤销了侍卫司的长官都指挥使、副都指挥使、都虞候的建制。这样，侍卫司没有了长官，原先属于侍卫司的侍卫马军和侍卫步军各自独立成为两司，与殿前司并列合称"三衙"，"三衙"长官皆称都指挥使，并称"三帅"。"三衙""三帅"之设，在无形中分散了禁军的军权。

禁军经过机构改革后，"两司"变为"三衙"，且互不统属。看似改动不大，实际用意深远。因为和"两司"相比，"三衙"更难对抗皇权。改革前的"两司"同时背叛皇帝，听上去不是容易的事，但"陈桥兵变"的发生却说明其概率并不低。但在技术上，"三衙"同时背叛皇帝的概率肯定比"两司"要更低。而且在"三衙"中偶有一个出现叛逆的迹象，皇帝也能够及时拉拢其他两个衙门形成压倒性优势迫其就范。此一改革对稳固皇权之贡献，于此可见一斑。

第二，分散兵权。将兵权一分为二，分成领兵权和调兵权。

对于由禁军首领摇身一变成为皇帝的赵匡胤来讲，兵变这种事情不论概率多低，只要有发生的可能，即便未来可以平息，也一定是有代价和损失的。所以将这一隐患消灭于摇篮之中，才是上策。为此，太祖赵匡胤精心谋划，将禁军统率的兵权一分为二：领兵权和调兵权，也叫"握兵权"和"发兵权"。

调兵权（发兵权）由枢密院掌管，但其权力主要限于军政、军令与军队调遣，并不参与日常统兵；领兵权（握兵权）则由"三衙"将帅掌管，他们只负责日常统兵、训练工作，无权发兵。如果我们假设"发动兵变"是一种"犯罪"的话，那么这一分权做法，等于是将"犯罪动机"和"犯罪实施"两者截然隔离——有能力犯罪的人产生不了犯罪动机，有犯罪动机的人没有犯罪的行为能力；结果只能是——"犯罪"不成立！至此，"陈桥兵变"这一幕是不可能再发生了！

事实也正是如此。

自从宋太祖军制改革后，直到宋亡，三百年间也没有再发生军事将领拥兵自重、祸害国家的事情。

北宋末年知枢密院事李纲说："在祖宗之时，枢密掌兵籍、虎符，'三衙'管诸军，率臣主兵柄，各有分守，所以维持军政，万世不易之法"。[①]南宋汪藻也说："国家以'三衙'管军，而一兵之出，必待密院之符。祖宗于兹，盖有深意焉。"[②]这个深意，就是保证皇权不受威胁。整个北宋时期，这种体制是皇帝控制军权的可靠保障。

在人事安排上，赵宋王朝的做法是枢密院的官员坚持由文官出任（正职必须是文官，副职偶尔任用武将），而禁军"三衙"的统帅则由武将担任。即枢密院负责"运筹帷幄"，"三衙"的将帅负责"决胜千里"。这种权力分配和人事安排，不仅防范了禁军将领重演"陈桥兵变"的隐患，强化了皇帝对军队的控制，而且还逐渐形成一个新的传统：文官的地位在

---

① （元）脱脱等撰：《宋史》卷 162　官第 115　职官 2　枢密院。

② 曾枣庄、刘琳主编：《全宋文》第 157　册卷 3378　汪藻 16　行在越州条具时政，上海辞书出版社、安徽教育出版社 2006 年版。

实质上开始高于武将，"重文轻武"的文化正在形成中。因为枢密院和"三衙"之间，更像是上下级关系，"三衙"要服从枢密院的调遣。而且，"枢密院"的长官人选上正职用文官、副职偶尔用武将的做法，也体现出武将从属于文官的色彩。

这项改革的优点是加强了皇帝对军队的控制、实现了皇帝在军权上的"集权"，而缺点则是谁来保证"运筹帷幄"的质量和水平？战场上的情况瞬息万变、战机更是稍纵即逝，"三衙"的将帅若无灵活运用军队的权力，如何能够抓住战机、赢得胜利？这不能不说是"集权"带来的无法克服的矛盾。

第三，驻军轮换。实行"番休互迁"，使"兵不知将、将不知兵"。

"番休"是轮流休息的意思，"互迁"是指互相调动。"番休互迁"是指宋太祖采纳赵普的建议，对军队实行"更戍法"，让戍边和驻扎地方的军队每三年轮换一次，但将帅却并不随同调动。这种制度设计，从表面上看，是为了让禁军习惯于这种勤苦的军旅生活，并且戍边的军队和驻守地方的军队可以轮番休整，似是好意。但从实质上说是为了规避将帅与士兵之间形成私人集团或人身依附的不正常关系。

因为军队在轮换，但将帅却原地不动。而且，如果将帅不被调遣、另有任用，那么将帅便跟"营盘"一道都是"铁打"的。这种"兵"与"将"之间的相对流动性，会使得将帅与士兵之间只能保持相对的陌生。三年后士兵不知会被调往何方，而将帅也不知会率领哪支军队。士兵和将帅之间，永远都是相对陌生的。这就叫"兵不知将，将不知兵"，或者"兵无常帅，帅无常师"。

这种制度设计，其用意在于防范将帅和军队之间"感情过密"而发生不利于国家的事情。

因为将帅和士兵之间一旦感情过密，军队就容易被将帅"私有化"。经长年相处的官兵之间，容易建立私人感情上的效忠关系。如果将帅在军队中培植亲信、招贤纳士，甚至"歃血为盟"等，那么他所统率的军队就很容易团结在他的周围、建立对他牢固的效忠关系。这样发展的结果，将是军队不知有国家、只知有将帅，不知有皇帝、只知有长官。这样的军队，就是被将帅"私有化"了的军队。有一支听命于自己的、私有化了的军队，那么将帅何愁大事不成？一旦将帅有异心，轻则割据一方、自立为王，重则发动兵变、改朝换代。当初宋太祖赵匡胤统帅的军队若是只效忠于国家和皇帝，不单单效忠于将帅，又岂能上演赵匡胤在"陈桥兵变"中"黄袍加身"的一幕？

所以，"驻军轮换"只是现象、手段，"兵不知将、将不知兵"才是真实军制改革的真正目的。这个制度斩断了将帅与军队之间建立情感的可能，确保了皇帝对军队的牢固控制，自然也带给了皇帝无上的安全感和踏实感。只是，将帅所不"知"的，恐怕不仅仅是士兵的姓名，应该还有这支军队的作战能力。

兵将之间互不了解、缺乏有效的磨合和训练，军队就自然缺乏凝聚力和战斗力，出现"元戎不知将校之能否，将校不知三军之勇怯，各不相管辖"①的局面。这不能不说是此种制度设计上的一大弊病。然而，世界上没有完美无缺的东西，宋太祖的军制改革与制度设计我们不能求全责备。

第四，守内虚外。京师大兵云集，边防则微兵虚守。

如果说前述三项军制改革主要是汲取"陈桥兵变"的历史教训，处心积虑削弱武将的兵权以加强皇权统治的话，那么"守内虚外"的政策就应该是汲取了唐朝"安史之乱"的教训，其主要目的是为了加强中央集权。

安史之乱发生在唐玄宗统治时期，是一场让唐王朝措手不及的巨大动荡和政治危机。因为安史之乱，唐王朝从此由盛转衰。在世人眼中，这场动乱既不是源于国家在经济上出现了衰败，也不是源于外敌入侵，更不是源于适逢乱世——安史之乱"制造了"乱世而不是"生于"乱世。它是"堡垒最容易从内部攻破"这个理论下的一个案例而已。叛乱发生前，唐王朝一派祥和、繁荣、富足，实足一个盛世时代；但叛乱发生后，叛军轻取洛阳和长安。大唐帝国的国都竟能如此轻易就被攻破，这实在让人感到震撼！

宋太祖对大唐帝国的巨大转折显然有过一番深入的思考。他将禁军二十二万一分为二：一半守京师，一半守边防。"京师"再大，也不过是一个城市（开封）而已。全国的军队，一半的精锐用于保卫这一个城市，另一半用于漫长的边

① （宋）李焘撰：《续资治通鉴长编》卷30，太宗端拱二年正月癸巳。

防线上。很明显，在宋太祖那里，京师的安全是压倒一切的。南宋朱弁在《曲洧旧闻》中是这样解释宋太祖的用意的：

> 京师十余万，诸道十余万，使京师之兵足以制诸道，则无外乱；合诸道之兵足以当京师，则无内变。内外相制，无偏重之患。

这段话的大致意思就是，京师与地方各驻军10余万，使京师与地方的兵力大致持平。如果"诸道"有变，则京师之兵制之；万一"京师"有变，则诸道之兵可以合起来"勤王"。如此，就可以保证内外兵力互相制衡，"外乱"和"内变"就不能轻易发生。

如果说宋太祖赵匡胤的治国理念是重京师、努力使中央与地方"相互制衡"的话；那么宋太宗赵光义的"防止内患"的治国主张则就更为直接、更为露骨了。他明确认为内患是才是最值得恐惧的。淳化二年（991年）八月，宋太宗赵光义曾对自己的近臣说："国家若无外忧，必有内患。外忧不过边事，皆可预防。惟奸邪无状，若为内患，深可惧也。帝王用心，常须谨此。"①

宋王朝的政治中心，是京师。京师的安全，即是皇帝个人的安全。只有京师有足够数量的精锐兵力驻守，那么地方上

---

① （宋）李焘撰：《续资治通鉴长编》卷32，太宗淳化二年八月丁亥。

就算有"安禄山、史思明"之流，量也不能攻破都城。禁军的这种"一半一半"的兵力分布，未见充分考虑外敌入侵。揣其历史情境下的心思，大概是因为，国家再大，如果京师都守不住、皇帝人身安全尚且不保，国家再大又有什么意义呢，不照样"其亡也忽焉"？这种重京师轻地方、重内患轻外忧的内向型军事政策，后人称之为"守内虚外"。此政策形成于宋太祖，确立于宋太宗，并世代承袭，成为宋王朝的"基本国策"。

上述四项军制改革，有四点规律可循：

第一，充分汲取历史教训，主要是唐朝安史之乱以来的历史教训。

第二，处心积虑防范武将专权、想方设法分散他们的兵权。

第三，充分考虑"权力制衡"。实行禁军中三个衙门之间的相互制衡、枢密院和统兵将帅之间的制衡、京师和地方之间的制衡。

第四，制度改革的深度和广度都是史无前例，都不是对前代军制的小修小补，而是大刀阔斧，伤筋动骨，前无古人。[①]

从军制改革来看，最大的受益人无疑是宋朝皇帝。因为改革削弱了武将的权力，加强了皇帝对军队的绝对控制。后世再没有任何一个王朝能让自己的军队如此安分守己，忠顺

① 参见于之伟、李鹏主编，袁岂凡著：《帝国的归宿》（两宋卷），中国华侨出版社2018年版，第20页。

于皇帝本人。通过多管齐下，中央集权得到巩固和加强，皇权的至高无上得到了制度上的保障，武将的权力受到限制，依仗武力干预朝政或者改朝换代的隐患也基本解除了。军人干政的可能性降至历史最低水平，那么治国理政也就能够由此变得理性。政权没有了被自己的武装力量推翻的风险，那么对皇帝而言最大的"内忧"也就解除了，国家的经济和文化建设也就从此放在了重心的位置。整个北宋期间，政局长期保持相对稳定。宋代文化之繁荣、经济之发达，于此可见端倪。

但众所周知的事实是，一个政权稳固与否，并非仅仅由强大的中央集权来决定。"外敌入侵"等外在原因同样也构成对赵宋政权的致命威胁。经此宋初军制改革，"陈桥兵变"和"安史之乱"这样的事情，已不大可能再发生了。宋王朝这个"堡垒"，已不大可能被内部势力攻破，逻辑上只剩下从外部攻破的可能。这可以看成是改革的成就，也可以看成是改革未竟的事业。既然宋王朝逻辑上只剩下被外部势力"攻破"的可能，那么这预示着：如果宋王朝某一天亡国了，那么很可能就是亡于外敌的入侵。

后来的历史发展也充分证明了这一点。

不过盖棺论定，赵宋王朝三百余年，虽然外患频仍，但是始终未曾出现武人拥军割据地方、分裂皇权的局面。这无疑应该归功于宋太祖的自觉意识、断然举措及高瞻远瞩、合理稳妥的制度安排。

第四章　中央官制之调整

宋太祖赵匡胤清醒地认识到皇权离不开相权的辅佐、支撑，同时也深知相权过于集中的潜在危险。因此，他从制度设计的层面，将军权划分给枢密院，将财权划分给三司，将用人权划分给审官院。出于分散臣属权力以维护皇权绝对权威的考虑，"三师、三公不常置，宰相不专任三省长官，尚书、门下并列于外，又别置中书禁中，是为政事堂，与枢密对掌大政。天下财赋，内庭诸司，中外管库，悉隶三司"。政事堂又称都堂，是最高行政首脑宰相及其副手参知政事办公的场所。为了限制相权，另立枢密院，总掌全国军务，长官为枢密使，与参知政事、门下侍郎、中书侍郎、尚书左右丞等统称宰执。又立三司，号称"计省"，总掌全国财政，长官为三司使。宋太宗时，罢三司使，另设盐铁、度支、户部三使，又进一步分散财权。另外，言谏制度也有重大变化。在唐代，谏官是宰相的下属，属于中书门下，职责在劝谏皇帝。台官虽然不属于宰相直接领导，但宰相有推荐之权，其职责在监察百官。宋代谏官的职能转变了方向，成为皇帝监督、制约宰相的工具。总的说来，宋太祖的政治架构，大体承接唐制，但又有重要修正。

一、实行分化事权机制

军制改革加强了皇帝对军队的绝对控制，这为其他领域的改革创造了安全的环境和赢得了充裕的时间。有了对军队的绝对控制能力，宋太祖在中央官制和财政领域的改革就变得更加从容不迫。这两个领域改革的目标，自然也是加强皇权。

中央官制建设是中国历代王朝政权建设的核心工作，也是政权核心权力的分配斗争。北宋的中央官制，主要建立于宋太祖、宋太宗时期，后来成为宋朝"祖宗之法"的一部分，虽经数度修改，但基本框架始终未变。这种高层权力架构以后周官制为基础、五代十国为教训、初唐为楷模，并以巩固皇权和加强中央集权为目的、以削弱"相权"为核心。

宋代的中央官制是在唐代与五代体制的基础上建立起来的。

唐代的中央官制为"三省六部制"，宋代的中央官制则为"二府三司制"。

唐代的"三省六部制"，是指在中央设置"中书省、门下省、尚书省"三个机构，其中"尚书省"下设"吏、户、礼、兵、刑、工"六个分管具体行政部门。"三省"的分工是：中书省负责起草诏令，门下省负责审批，尚书省负责执行。三省的长官都是宰相，但三省分权势必造成朋党之争、效率低下等弊端，所以从唐高祖时中书、门下两省就开始联席办公，地点设在门下省，叫作"政事堂"。这一制度的优点在于，"三省"既分权制衡、巩固了皇权，又分工明确、提高了效率，因此多为后世所承袭。

《宋史·职官一》说：

> 宋承唐制，抑又甚焉。三师、三公不常置，宰相不专任三省长官，尚书、门下并列于外，又别置中书禁中，是为政事堂，与枢密对掌大政。天下财赋，内庭诸司，中外管库，悉隶三司。中书省但掌册文、覆奏、考帐；门下省主乘舆八宝，朝会板位，流外考较，诸司附奏挟名而已。台、省、寺、监，官无定员，无专职，悉皆出入分涖庶务。故三省、六曹、二十四司，类以他官主判，虽有正官，非别敕不治本司事，事之所寄，十亡二三。①

北宋的中央官制深受唐代影响，但更多保留了五代十国以来的痕迹。宋代的中央官制，可以简称为"二府三司"，

---

① （元）脱脱等撰：《宋史》卷16　志第114　职官一　三师三公宰。

指的是"中书省、枢密院、三司"三个机构。"宋初，循唐、五代之制，置枢密院，与中书对持文武二柄，号为'二府'。"① "三司"也叫"计省"，管"户部、盐铁、度支"三个衙门。中书门下省的长官为宰相，领受"同中书门下平章事"（简称"同平章事"）的头衔。宰相管行政，枢密院管军事，三司管财政。"三司"时而合为一个机构，时而分为三个机构，但三司合一的时间居多。从赋权的角度看，"三司"更应该被视为一个整体。

宋太祖承袭隋唐五代体制，皇帝经常坐殿视朝听政，随事决策。在皇帝坐朝听政以外，宋朝的次高决策机构是宰执在各自的官署理政和议政。

北宋前期，宰执乃指中书门下的宰相和参知政事以及枢密院的枢密使、知枢密院事、枢密副使、同知枢密院事、签书枢密院事、同签书枢密院事，不包括三司的官员。实际上，宰执就是中书门下（东府）和枢密院（西府）的二府大臣们。他们除每天五鼓早朝外，还赴各自的官署办公，处理政事。有时还同赴枢密院专设议事厅或中书门下内宰相们办公议事的厅堂"政事堂"议事。

宋代的中央集权达到了前所未有的程度，基本上消除了造成封建割据和威胁皇权的种种因素。为了规避文臣、武将、皇

---

① （元）脱脱等撰：《宋史》卷16　志第162　职官二　枢密院。

后、外戚、宗室、宦官等六种人的专权独裁，宋太祖制定出一整套集中政权、兵权、财权、司法权等等由皇帝掌握的制度。

中央集权，一般是指把地方的权力集中到中央；专制主义则是把权力集中到皇帝手里，君主主宰一切。

早在秦、汉时期，中央集权制就已经确立起来，但专制主义还未达到登峰造极的程度。我们可以通过宰相权力的变化这一个标志来认识中央集权的过程，汉代的宰相，权力相当大，可谓"一人之下，万人之上"，但到了宋代以后，宰相的权力就逐渐缩小，权力逐步集中到皇帝手里。可以说，专制主义中央集权的加强是从宋代逐步开始的。

宋太祖为了达到中央集权的目的，行政系统实行"分化事权"机制，以相互牵制。特别是中书、门下、尚书三省及一些重要行政机构，官没有定员，也不是专职，都由别的官以差遣的名义掌管其事。

宋朝对官员的任用，实行了官职名称与实际职务相脱离的政策。上至仆射、尚书，下至员外郎，以及寺、监的官职，除特殊情况外，都不担任与官职名称相符的职务，官名只用来表示官位和俸禄的高低，称为正官、寄禄官，简称官。官员担任的实际职务，称为差遣，也称职事官，通常在所担任的职务之前，加有"判、加、权、管勾、提举、提点"之类。一部分文官还带有学士、直阁之类，称为贴职，简称职，通常并不担任相应的馆阁之职，只作为文官的荣誉衔。官、职、差遣，是宋代官制中特有的制度。这些特点，造成宋代职官制的机构庞杂，职名分离，事权零碎，冗官严重，政令不畅，执行不力，行政效率低下。

二、宰相权力的削弱

宋太祖在中央官制上实行分权设计，其目的是为了巩固皇权、加强中央集权统治。

宋代中央官制下，中书门下省的长官毫无疑问是宰相，且跟唐朝一样领受"同中书门下平章事"（简称"同平章事"）的头衔。宋代宰相之权力，与唐代相比衰弱显著。这是北宋"二府三司"的要旨。宋代宰相权力的削弱体现在许多方面，主要有：

1."分享"相权者众

唐朝的宰相一般都是两人，分别是中书省和门下省的长官：中书令、门下侍中（唐代的尚书省长官原本也是宰相，但"开元"年后尚书省长官不再参与政事堂议政而不享有宰相身份）。和唐代不同，北宋前期没有以中书令为宰相，中书令与尚书令一样，都是虚衔。期间偶尔出现"侍中"任宰相，其他都是"同中书门下平章事"任宰相。北宋前期一般设二位宰相，有时设一相或三相。设三相时，首相兼昭文馆大学士，称昭文相；次相监修国史，称史馆相；末相兼集贤殿大学士，称集贤相。如果只有二相，往往首相兼昭文馆大学士、监修国史，其他情况较少见。

这些宰相中，除了"同中书门下平章事"和偶尔任宰相的"侍中"之外，其余的宰相应该都是"参知政事"。此职在宋代始设于太祖乾德二年（964年），其后逐渐成为常设官职。

"参知政事"一职作为副宰相，一般充任宰相的助手，但有时也被委以重任、独挑大梁。参知政事最少设一员、最多设四员（元丰改制神宗元丰年间（1080—1082年）后，以门下、中书和尚书左右丞为副宰相，就是设四员的例子），通常则在二三员之间（南宋后期，三员成为定制）。他们都是"相权"的分享者，在人数上，至少不比唐代少。我们熟知的一些北宋人物，例如寇准、文彦博、范仲淹、欧阳修、王安石等都曾做过"参知政事"。

2. "分割"相权者多

唐代宰相对政治、经济、军事等方面的事几乎无所不管，只要遵守"中书——门下——尚书"这个议事程序就没问题。但宋代却让枢密院专管军事、"三司"专管财政，以此来分割宰相的军事权和财政权，使得宰相的"事权"锐减。

宰相、枢密院、"三司"的关系值是平级、并立的，互不统属，都直接对皇帝负责。宰相与枢密院的地位平等、权力分立。宋代宰相与枢密院的长官合称为"宰执"。这个称呼也反映了宰相与枢密院的平权、并立。

除了财政权、军事权被分割外，宰相的人事权、谏议权也在一定程度上被分割了。

在制度上，人事权本应属于尚书省下面的"吏部"（唐代如此）。但宋代却在吏部之外，另设考课院对官员进行综合考评；考课院后来更名为审官院，又分为东西两院，东院负责选用文官，西院负责选用武将。这就等于是解除了宰相人事方面的任免权。

"谏议权"在唐宋都由各种名目的谏官掌管。唐代的谏官设在门下省，主要职责是直接给皇帝提谏议。谏官的作用就是，遇到"宰相有时有不便同皇帝讲的话"，谏官可以"替"宰相讲出来。谏官职位低，说错了也无妨，最著名的例子莫过于魏徵了。魏徵担任谏议大夫时，其所属的部门就是门下省。门下省与谏官，这是上下级关系，谏官归门下省领导。此时的谏议权实则是在门下省，为宰相的事权之一。但宋代则不然，谏官不再是宰相下属，而是独立出来，也不由宰相任命，改为皇帝任命。于是宋代的宰相自此便失去了对皇帝的谏议权。

3. "监督"相权者增

按常识，监督百官的权力应为类似秦汉"御史大夫"这样的部门来执掌。这项权力我们把它叫作"监察权"。唐代的监察权由"御史台"执掌，负责监督中央政府官员。宋代也还是有御史台，"掌纠察官邪，肃正纲纪。大事则廷辨，小事则奏弹"①，负责监督中央的政府官员（地方官由"通判"负责监督）。既是监督中央的政府官员，那么宰相自然属于监督

---

① 《宋史》卷164　志第117　职官四　御史台。

的对象。但除此之外，宰相还要受一个部门的监督，那就是上文刚刚提到的——谏官。

唐代谏官专门讽谏皇帝，纠绳皇帝的过失，是专为监督皇帝而设，其官名如谏议大夫、拾遗、补阙、司谏、正言，是宰相下属，替宰相"言宰相所不能言之事"。为此，谏官可能冒犯龙颜、直言进谏。宋代也有行使谏议权的机构——谏院。它从原本隶属于门下省的谏官中分离出来。并且从此以后，谏官不再是宰相下属，宰相无权任用谏官，因为所有台官、谏官均由皇帝任命，并且由此不再是负责监督皇帝，反而变成监督宰相的部门了。

唐代设立谏官的初衷是纠绳皇帝，而不是纠绳宰相，所谓"谏"是针对皇帝而言的。而宋代让谏官脱离门下省，不再隶属于宰相，其职能就反过来变成了纠绳宰相。这样就剥夺了宰相通过谏官向皇帝进行规谏的权力，并且加强了对宰相的监督。谏官不再纠绳皇帝，而是纠绳宰相，使宋代的相权在已经受御史台监督的情况下，又多了一重监督机构。

4."坐而论道"之礼废

秦汉至隋唐，宰相与皇帝都是坐着议政的，所以才有"三公坐而论道"之说。议政期间，宰相与皇帝可能也有失和的案例，但正常情况下皇帝对宰相还是相当客气，讲究礼节的。比如，任命宰相时，皇帝要行大礼，叫作"拜相"；汉代的宰相、三公与皇帝议事时，大家都是跪坐在榻上，面前几案上摆放有茶点果盘，叫作"三公坐而论道"；宰相生病了，皇帝还得亲自去相府探望。

五代十国时期，"坐而论道"的规矩也还是存在的，但到宋朝却给废了。宋朝皇帝与宰相议事的时候，情形变成了皇帝仍旧是坐着，但宰相却是从此都站着。为什么会这样呢？这与北宋的首位宰相范质有关。

范质，本是后周的宰相。陈桥兵变发生后，赵匡胤还京，范质只好拥护赵匡胤当皇帝。不过，在他的努力下，赵匡胤答应以"受禅"的形式登基为帝，善待后周宗室，并留用范质继续为相。但正是从他们开始，宰相与皇帝议政的基本方式，悄然发生变更。"先是，宰相见天子议大政事，必命坐面议之，从容赐茶而退，唐及五代犹遵此制。"范质等"惮帝英睿"，"每事辄具札子进呈"，面议改成奏折，理由是"如此庶尽禀承之方，免妄庸之失"。太祖接受此建议，"由是奏御寖多，始废坐论之礼"①。相权之于皇权的辅佐、从属地位，从此更得到仪式化的强调。

这就是说，范质在宋朝新政权中虽继续担任宰相，但顾虑自己是前朝的宰相，又明白太祖赵匡胤爱好集权，所以主动放弃"坐以论道"的礼遇，选择站着跟皇帝说话，从此形成新的传统。自此，宰相与皇帝议政，都是皇帝坐着、宰相站着。而且在议事中，宰相不再自作主张、作决定，而是改为把意见写在札子上供皇帝参考。

---

① 《宋史》卷 249　列传第 8　范质传。

宰相的札子不具有行政命令的效力，决定权最后在皇帝的手中。这与唐朝略有区别。唐朝的宰相在中央主事，诸事都是议好、拟好，然后上报皇帝批阅、同意的。按照著名史学家钱穆先生的观点，唐朝皇帝拥有的是"同意权"，至于"决定权"实际上是在宰相手中；但宋朝则不然，自范质用札子议政开始，政务的"决定权"便掌握在皇帝手中，宰相作用被弱化。

因此，范质对太祖赵匡胤的过自谦抑，实际上导致了两个结果：其一，宰相"坐而论道"的传统自此废除，改为在皇帝面前站着议政；其二，宰相势弱、皇权加强，政令之决定权收归皇帝。

总之，从制度设计上，宋代相权的衰落是没有争议的。相权弱、皇权强，成为宋代的政治特色。这对于皇权的稳固、政局的稳定固然是有帮助的。但相权的制度性削弱，则不免阻碍了宰相个人才干的发挥、抱负的施展。遇有军国大事，宰相不介入又不行的情形，宋朝的"祖宗家法"就得面临考验。最简单的，例如对外战争。倘若只是打仗、纯军事行为，宰相或可不让介入；但若需要议和，这是政治而不是军事，那就属于宰相的职责范围了，枢密院不该管。所以，制度设计是一回事，实践操作又是另一回事了。①

---

① 参见于之伟、李鹏主编，袁岂凡著：《帝国的归宿》（两宋卷），中国华侨出版社 2018 年版，第 23—26 页。

当然，人非神灵永远算无遗策，再完美的制度设计，也难以考虑到所有未知的可能性。因此，宋代宰相的权力在制度设计上、"祖宗之法"的初衷上，也许是要极力削弱。但在实际运用中，宰相的权力有没有可能扩张，甚至发展成"权相"呢？这就是另外一个问题了。

第五章　推行文治国策

宋太祖重文抑武，是由赵宋王朝初年的形势决定的。唐末五代武将跋扈、内战不断、酷刑暴敛、荼毒生民，给民众带来了沉重的灾难。赵宋王朝建立后，完成国家统一和保障社会稳定发展成为压倒一切的最大政治。宋太祖以文抑武，实行文官治国，代表了当时历史发展的正确方向。宋太祖的文治思想，其基本内容就是将科举取士与文官政治相结合。宋太祖确立殿试制度，培养天子门生，压抑世家大族，改变武人政治，士大夫从此成为赵宋王朝统治大厦的基石与支柱。士大夫与皇帝共治天下构成宋王朝统治的鲜明特色，对后世政治亦影响甚大。

一、实行以文制武

唐末，藩镇割据，中央政府大权旁落，使考试制度缺乏进一步发展的机会。

五代时期，武夫悍将左右政局，文人普遍不受重用，武将专政导致了国家政局的混乱。从9世纪到10世纪末，中国社会的仕宦途径由武人垄断，文人上达虽仍有考试一途可循，但终缺乏保障，远不及武人势力之盛。

宋王朝建立后，在宋太祖看来，要想国家稳定、发展，就必须改变武将专政这一不正常的局面。正如《宋史·文苑传序》所说："自古创业垂统之君，即其一时之好尚，而一代之规模，可以豫知矣。艺祖（指宋太祖）革命，首用文吏而夺武臣之权，宋之尚文，端本乎此。"[①]宋太祖曾对赵普说："五代方镇残虐，民受其祸，朕令选儒臣干事者百余，分治大藩，纵皆贪浊，亦未及武人一人也。"[②]就宋太祖的心理而言，他对武将心存芥蒂，认为文臣不过是书生而已，根本无法威胁到他的政权，所以，宋太祖比较重用文臣。

宋太祖非常重视人才的选拔，尤其重视选择士人充实官僚队伍，上意方欲兴文教，抑武事，创立"殿试"并曾经亲

---

①　（元）脱脱等撰：《宋史》卷439　列传第198　文苑一。

②　（宋）李焘撰：《续资治通鉴长编》卷13，太祖开宝五年十二月乙卯。

自主持科举考试，借以培养自己的"天子门生"。

开宝八年（975 年）二月，宋太祖下诏曰："向者登科名级，多为势家所取，致塞孤寒之路，甚无谓也。今朕躬亲临试，以可否进退，尽革畴昔之弊矣。"①又说："贵家子弟，惟知饮酒弹琵琶耳。安知民间疾苦？"因此下令："凡以资荫出身者，皆使之监当场务，未得亲民。"②太祖不准资荫出身者直接做州县长官，这是对氏族门阀势力的一种压抑，从中也可看出他对科举取士制度的重视和改革的决心及力度。

宋太祖的文治思想，其基本内涵就是将科举取士与文官政治相结合。他确立殿试制度，培养天子门生，压抑世家大族，改变武人政治，士大夫从此成为赵宋统治大厦的基石与支柱。士大夫与皇帝共治天下是赵宋王朝政治的主要特色。宋太祖曾对近臣说："昔者，科名多为势家所取，朕亲临试，尽革其弊矣。"③人才选拔与任用的权力被中央政府甚至被皇帝所亲手掌控，本身就是加强中央政府集权的一条重要途径。从宋太祖开始，科举制成为大宋王朝选拔官僚人才的一种最有效的手段。到宋太宗时，科举制愈加完善，取士名额大增。降及后世，"大臣，文士也；近侍之臣，文士也；钱谷之司，文士也；边防大

---

① （宋）李焘撰：《续资治通鉴长编》卷 16，太祖开宝八年
② （宋）司马光撰：《涑水记闻》卷第一，中华书局 1989 年版。
③ （元）脱脱等撰：《宋史》卷 155　志第一百八　选举一。

帅，文士也；天下转运使，文士也；知州，文士也。"[1] 宋太祖
这种重文轻武及用文人治国政策,给宋代的政治和文化的发展
与繁荣提供了十分便利的条件。宋代之所以能够创造出"郁郁
乎文哉"的文化景象,在哲学、文学、史学、科技等领域达到
前所未有的水平,无不与宋太祖及宋初诸帝所提倡的重文政策
以及文官政治所带来的宽松的文化氛围密切相关。

据学者统计,在宋代,通过科举选拔,文职官僚的队伍
成为统治集团中的核心力量。两宋三百二十年,"进士科登第
者共三万九千七百二十一人。"[2] 就其规模而言,远远超过前
后各代。当时的一百三十五位宰相中,90% 以上是通过科举
选拔最终出仕成功的。[3] 由寒门学子通过科举途径直接参与决
策的上层群体所占比例如此之高,这是前朝从来没有过的事
情。这种政策,活跃了官民上下交流的途径,增加了政府管
理层的活力。更重要的是,通过科举选拔方式造就出来的文
官制度,对后来的中华政治文明作出了不可磨灭的贡献。

总的说来,宋太祖重文抑武,是由宋王朝初年的政治形
势所决定的,唐末五代时武将跋扈不臣、内战不断、酷刑暴

---

① 曾枣庄、刘琳主编:《全宋文》第四十大册　卷1003　蔡襄10　国论要目
十二事疏。

② 白钢主编,朱瑞熙著:《中国政治制度通史》第六卷,宋代,人民出版社
1996 年版,第 636 页。

③ 苗书梅著:《宋代官员选任和管理制度》,河南大学出版社1996年版,第
106 页。

敛，荼毒生民，给广大百姓带来沉重的灾难。当时，国家统一和稳定成为压倒一切的最大政治问题。宋太祖以文抑武，实行文官治国代表了当时历史发展的方向。不过，任何一个事物的发展与变化总是表现在两个方面。宋太祖抑制武将是为改变五代以来的武将跋扈所造成的社会不稳定的局面，无可厚非。然而，后世继任者把抑制武将作为祖训教条，不顺应时势的变化加以调整，最终又导致了后来的宋朝武功不竞、国防不足的局面。

二、推行文官治国

北宋建隆三年（962 年），宋太祖曾经咨询身边的侍臣："朕欲武臣尽读书以通治道，何如？""左右不知所对"[①]。

事实上，宋太祖"欲武臣尽读书以通治道"，是他准备转变治国政策的一个重要信号，并非仅就武臣方面而言。

宋代"重文轻武"国策的确立，有多种因素的影响以及宋初统治者的深虑及考量在里面。

第一个因素，自然是汲取唐末五代以来武将专权的历史教训。因为前面数章中已经多少有所提及，故此处不多赘述。

第二个因素，是受"文治兴邦"治理传统的影响。历史

---

① （元）脱脱等撰：《宋史》卷 1　本纪第一　太祖一。

上，中国历代王朝多以武功建立，但治国平天下却要靠文治功夫来保障。所以，西汉政权重用儒生、东汉光武帝"以柔道"治天下、唐代大兴科举，都是遵循了这一历史规律。知识士人在传统君主时代代表着理性的力量，在政治与社会的长治久安中发挥着重要作用。北宋的创建者宋太祖和宋太宗皆深谙此道，宋初统治者走上"重文"之路，实属历史的必然。宋太宗更是对近臣说："朕每读《老子》，至'佳兵者不祥之器，圣人不得已而用之'，未尝不三复以为规戒。王者虽以武功克定，终须用文德致治。朕每退朝，不废观书，意欲酌前代成败而行之，以尽损益。"①并表示要重用文人，"以文化成天下"。

第三个因素，是道德文化建设的客观需要。唐末五代以来，社会风气败坏、道德沦陷，忠、孝、节、义和廉耻观念在朝野之中已经非常淡泊。先秦以来的儒家文化大受冲击，道德标准改变，价值观念颠倒，所谓重忠义、讲气节之风尚荡然无存，而视寡廉鲜耻为固然，社会风气已经堕落到了一个极点。如五代官员崔倩、张文蔚及四朝宰相冯道，视改朝换代为常事，主易则他易，天下荡然，莫知礼义为何物矣！尤其是冯道，历仕四朝，三任中书，居相二十余年，但从不以之为羞耻。宋太祖显然不希望自己的政权中存在这样的官员。

---

① （宋）陈均编:《皇朝编年纲目备要》卷第 3　太宗皇帝　太平兴国八年，中华书局 2006 年版。

北宋建立后，留任了不少前朝旧臣，例如宰相范质。范质为官极其清廉，从不谋私，朝野上下对此亦无不膺服。宋太祖对侍臣说："朕闻范质止有居第，不事生产，真宰相也。"但宋太宗赵光义评论范质的时候，却说"宰辅中能循规矩、慎名器、持廉节，无出质右者，但欠世宗一死，为可惜尔"①。言外之意，如果范质在陈桥兵变时，能为后周世宗以死殉节，那么其人格形象就完美了。在宋太宗赵光义看来，范质唯一不完美的，就是缺乏"气节"。而"气节"这一道德品质，是唐末五代以来官员最缺乏的，而道德建设只能靠"文治"来实现。所以，"重文"是重建封建道德的必由之路。

第四个因素，是提高官员文化素质的客观实际需要。北宋刚刚立国，宋太祖赵匡胤很快就受到一桩事件的刺激，使他充分意识到了提高官员文化素质的必要性。

北宋建隆四年（963年），是宋太祖登上帝位的第四个年头，他准备改换年号，把这件事交付当时的宰相议定，要求定一个以前没有用过的年号。最终，宰相议定了用"乾德"这个年号，字面上的意思是"天意、上天的恩德"。这个寓意的年号，宋太祖当然是满意的。

然而，乾德三年（965年）却发生了一桩怪事。这年宋军攻灭后蜀，一些后蜀宫女进入大宋宫廷。结果，某一天在

---

① （元）脱脱等撰：《宋史》卷249　列传第八　范质》。

这些宫女的行李中发现一面镜子，背面刻有"乾德四年铸"字样。宋太祖将这面镜子拿给宰相赵普看，问：现在才是乾德三年，这面镜子竟然刻着"乾德四年"，这是怎么回事？如此诡异的情况，赵普一时也回答不出来。宋太祖又找到了翰林学士窦仪。窦仪看了之后解释说："这块镜子应该是从蜀地来的。前蜀最后一个君主王衍，用过'乾德'这个年号，镜子应该是那个时候铸的。"原来"乾德"这个年号，已经被用过，而且使用这个年号的还是个亡国之君。这是何等尴尬！此件事让宋太祖大受刺激，感叹："宰相须用读书人！""由是益重儒臣矣。"①

那么，宋初的"乾德"年号是谁议定的呢？赵普是宋太祖乾德二年（964年）主相，所以议定年号的时候他不是宰相，与他无关。赵普之前，担任宰相的是首相范质、次相王溥和魏仁浦，"乾德"年号应该是这三人议定的。不过这三人中，范质与王溥都是科考进士出身、翰林学士，只有魏仁浦出身于枢密院小吏。那么宋太祖感叹的"宰相须用读书人"仅仅指的是魏仁浦吗？恐怕还要包括范质（乾德二年就已去世）、王溥和赵普。这说明，议定选用了"乾德"年号的范质和王溥在宋太祖眼中，应该是不合格的读书人。至于赵普，在宋太祖问及"乾德四年"这面镜子所刻年号出处时，竟然也回答不

---

① （宋）李焘撰：《续资治通鉴长编》卷7　太祖乾德四年五月甲戌。

上来，本身就说明了问题。所以，建隆三年（962年），宋太祖所言"欲武臣尽读书以通治道"的要求，应该是针对整个官场的文武官员，不是只有武将才有提高文化素质的需要。

从五代以来的文化实际情况来看，这个事件的发生绝非偶然。

晚唐进士轻薄，门第衰落，读书人一代不如一代。五代十国时期，武人专制，读书无用，文治废弛。缺乏文化激励机制，读书人少，官员文化素质自然就会下降，这是势所必然的现象。北宋僧人文莹在《玉壶清话》中，曾记载有宋太祖劝宰相赵普多读书的故事："太祖尝谓赵普曰：'卿苦不读书。今学臣角立，隽轨高驾，卿得无愧乎？'普由是手不释卷，然太祖亦因是广阅经史。"① 此外，宋人李焘在其所撰的《续资治通鉴长编·卷七》中也提到："赵普初以吏道闻，寡学术，上每劝以读书，普遂手不释卷。"② 这都说明，作为宋初宰相，赵普虽然有半部《论语》治天下之类的豪然壮语，但其文化素养并不能应付辅佐宋太祖治理国家的工作。宋太祖对宰相赵普的文化修养是不满意的，不仅劝勉其多读书，而且自己也有带头读书作出榜样。

宋朝初年的宰相文化程度尚且如此，其他官员之文化素养也就可想而知了。

---

① （宋）释文莹撰：《玉壶清话》卷第2，中华书局1984年版。
② （宋）李焘撰：《续资治通鉴长编》卷7　太祖乾德四年。

种种事实表明，宋王朝建立后，在拨乱反正、治理国家中，遭遇到了文官奇缺的难题。而且随着北宋统一战争的逐步完成、统治区域的不断扩大，这个问题愈发显得突出与迫切。宋太祖开宝四年（971年），诸道幕职州县还"闲人百余员"。开宝六年（973年），宋太祖"召京百司吏七百余人，见于便殿。上亲阅试，勒归农者四百人"。①面对官员素质不能符合国家治理这样的现实，宋太祖也就不得不实行"重文"政策了。

北宋"文治"国策从提出到形成，其间有一个逐步完善的过程，是在宋太祖、宋太宗两朝逐步确立起来的。该国策一经确立，遂成为宋朝后世皇帝必须遵守的"祖宗之法"。"重文轻武"国策是一套政策系统，主要包含重用文官与抑制武将权力两个方面。具体措施则主要表现在以下几个方面：

1. 扩大科举选官的录取名额

北宋立国，为了满足不断扩大的文官需求，以及巩固执政基础，从太祖赵匡胤时期开始逐年扩大科举取士（文士）的名额。

建隆二年（961年）录取进士十一人，开宝六年（973年），却一次性录取进士和诸科一百二十七人。太宗赵光义亦是即位不到两个月，就将录取名额扩大至四百多人（进士一百九十人，诸科二百七十人），大大超过了以往规模，文士

---

① （宋）李焘撰：《续资治通鉴长编》卷14　太祖开宝六年。

的录取名额暴增。至于真宗及以后的历代宋朝皇帝，文士录取规模一般都不低于这时的数据。

为了扩大文官队伍，在科举取士方面，宋太祖除了正常录取的进士之外，还开创了科举制度的一种特殊规定：考进士多次不中者，另造册上奏，经许可附试，特赐本科出身，叫"特奏名"，与"正奏名"相区别。特奏名进士的名额从宋太祖时期开始出现，后来不断增加。

2. 对文士授官任职升迁采取从优、从快的原则

北宋自宋太祖、宋太宗时期，就格外重视对新科进士的加恩笼络，殿试合格者常常要被赐袍笏、赐宴、赐试，以示荣宠。起初，新科进士的名单直接在尚书省放榜，但从太宗雍熙二年（985 年）起，要举行殿前唱名、皇帝亲赐及第、进士登第仪式，使新科进士直接成为"天子门生"，荣耀非常。

与唐代相比，唐朝虽然也是科举制选官，但考中进士的人其实不会被直接授官，这是常常为人们误会的地方。唐代的科举，进士及第后只是获得授官的资格，但何时授官，需要等候，这叫"守选"。在正式授官之前，还须经过吏部的释褐试（又称选试），方得授官；考试分为身、言、书、判四项。吏部择人的标准有四：（1）体貌端正；（2）说话有条理；（3）书法工整美观；（4）文辞优美。与唐代相区别之处在于，宋代将及第与授官并为一途。进士及第后不需其他考核程序就可被直接授官。而且，宋代一改唐代授官较低的现象，宋代对进士及第授官很高。按宋真宗时期制度：前三名

多授监丞、大理评事，并通判诸州；一甲的其余进士，多授
予秘书省校书郎，知县事；甲第较低者，多授主簿、县尉等
职。

在宋代，科举出身的官员成为文职官僚队伍中的核心力
量。两宋三百一十年，仅正奏名进士即达四万三千人之多，
就其规模而言，远远超过了前后各代。整个北宋共七十一名
宰相，除赵普等四人因"开国功臣"身份而任宰相外，只有
三人不是由科举出身任宰相，其他六十四名均为进士或制科
出身。在直接参与决策的上层群体中所占比例如此之高，是
前朝无法相比的。正是在此基础之上，宋代的官僚队伍就其
整体而言，素质有了明显的提高。

3. 提高文官政治地位与政治待遇

宋代皇帝不仅重视文士，而且文士还拥有"与帝王共天
下"的无比崇高的政治地位。据文献记载，这都是宋太祖、
宋太宗留下的"祖宗家法"所致。

"与士大夫共天下"成为北宋帝王与大臣遵循的政策。
帝王"与士大夫共天下"，等同皇帝与士大夫结成政治同盟。
这种地位，是武将所不可能享有的。整个宋代，从未听说皇
帝对武将有过类似表述。

宋代皇帝给予文士至高地位的还有另外一个方面的原
因，这就是："不许杀士大夫及上书言事者。"这句话据说是
宋太祖赵匡胤留给后来宋代帝王的政治遗产。从宋太祖开始，
宋代皇帝极少杀戮士大夫，若非谋反之类的重罪，几乎见不

到诛杀士大夫的案例。这是赵宋王朝的习惯法。

4. 文官主政，以文驭武

按照宋初最高统治者的制度设计，赵宋王朝采取文官主政，以文驭武的政治模式。

枢密院虽是中央军事决策机构，但其事权却由文官主政。北宋一朝，在枢密院存在的一百六十七年中，出任枢密院正职长官的有七十三人、副职长官一百二十九人。在正职长官中，文官占百分之七十三点九，武将出身者只占百分之二十四点六；副职长官中有百分之八十三点七来自文官，百分之十六点二来自武将。而且，北宋枢密院存在了一百六十七年，有九十一年的时间由文官在枢密院独自任正职，文官主掌枢密院的时间长度约占北宋枢密院存在时间的百分之五十四点五；另有文官与武将并任枢密院正职时间长达十六年，与前者相加则有 107 年，约占枢密院存在时间的百分之六十四。这说明，枢密院的正职长官主要而且长期是由文官充任的。其实副职长官也呈现这样的特点。北宋文官在枢密院独自任副职约一百二十一年，其独立任副职期间大约占北宋枢密院存在时间的百分之七十二点五；北宋文官另与武臣共同任副职二十七年，与前者相加，合计一百四十八年左右，约占北宋枢密院存在时间的百分之八十八点六。也就是说，文官出任枢密院正副长官的时间、人数与武将相比，始终有着压倒性的优势。枢密院作为中央最高军事机构，长期、大量由文官掌管，这种"文臣主枢密"的现象，很明显地表明了宋初最高统治者的治政理路。①

与中央"文臣主枢密"遥相呼应的，则是地方上大规模的"文臣任知州"。宋太祖从北宋乾德元年（963年）开始，就任用文臣做知州，管理州的行政事务，自此州不再隶属于藩镇，节度使也逐渐成为一个虚衔。为了防止知州职权过重，专擅作大，宋太祖后来还创设"通判"一职，与知州共管州的地方行政事务。知州与通判，相当于州的正副长官，但都来自文官。文臣任知州，以及通判的设置，使地方权力实现了军政分离，自此军不代政。这种军政分离的局面后来还发展到地方财政、司法等领域，甚至战场上的指挥权都交给了文臣。

通过文臣主枢密、文臣任知州，设置通判、转运使等职，从宋太祖、宋太宗时起，宋王朝全面形成了文官主政的政治格局。

---

① 参见于之伟、李鹏主编，袁岂凡著：《帝国的归宿》（两宋卷），中国华侨出版社2018年版，第40页。

第六章　重视发展经济

　　五代十国时期，战乱频繁，百姓流离失所，各种不合理的赋税与徭役，给百姓造成了极大的负担。宋王朝建立以后，宋太祖拨乱反正，注意调整政策，为恢复与发展农业生产，朝廷推行了许多鼓励政策，奖励开垦荒地，轻徭薄赋，宽减徭役，兴修水利，发展农业生产。同时，改革税制，整顿金融货币市场，发展交通运输业，注意发展工商业，所有这一切，都为北宋王朝的经济振兴奠定了基础。

一、恢复与发展农业生产

唐末五代以来的长期战乱与统治者的乱政，导致农业生产劳动力与人口锐减，农田荒芜，水利失修，农业经济凋敝。因为战乱，大批农民被迫离开家乡放弃生产活动，而长期去当兵和服徭役，这就造成农村大量劳动力的长期流失，从而严重影响到农业生产力的发展。赵宋政权建立后，宋太祖知民之疾苦，拨乱反正，推行了一系列积极恢复与发展农业生产的政策。

第一，鼓励民众返乡务农。宋初在统一过程中，宋太祖每收复一个地区，除收编一部分精兵外，其余的军兵一律实行遣散，鼓励当地士兵转业从事农业生产活动，并为他们提供房屋、食粮、种子、耕牛等，帮助其重建家业。同时，采取政策鼓励流民返乡务农，"县令、佐能招徕劝课，致户口增羡、野无旷土者，议赏"①。开宝六年（973 年）正月，"诏诸州流民所在计程给以粮，遣各还本贯，至日更加赈给。"三月，"诏诸州流民复业者，蠲今年蚕盐钱，复其租，免三年役。"②

第二，废除专职徭役，让他们参加农业生产活动。在一些地区特定的徭役人员，如梓州的庄屯户、专脚户、鹰鹞户、

---

① （元）脱脱等撰：《宋史》卷 173　志第 126　食货志上一。
② （宋）李焘撰：《续资治通鉴长编》卷 14　太祖开宝六年。

田猎户等，南汉中隶属宫廷库务的课役户，岭南海门镇的媚川都（专以采集珍珠为事的士兵）。这些徭役人员大多从事着不正规的生产活动，在统一的过程中，宋太祖废除了这些徭役，让他们回归到正常的农业生产劳动中。

第三，鼓励各地开垦荒地，加大农业生产力度。如有农民愿垦新荒，可暂不加税，并对垦荒有成绩的地方官员实行一定的奖励。后来《刑统》进一步规定："凡州县部内有田畴荒芜的，按照荒田面积百分比来科罚。"

第四，严禁销毁农具。在一些地区，农民会因祭神祈福而销毁大量农具，用来铸成佛像和铁塔。为防止影响农业生产活动，宋太祖颁布法令，禁止随意销毁农具。

第五，鼓励发展桑枣产业，禁令破坏桑、枣树并影响生产活动的行为。宋太祖诏令："民伐桑枣为薪者罪之：剥桑三工以上，为首者死，从者流三千里；不满三工者减死配役，从者徒三年。"建隆二年（961年），宋太祖颁布法令："课民种树，定民籍为五等，第一等种杂树百，每等减二十为差。桑枣半之。①

第六，实行均括田租。建隆二年（公元961年），宋太祖开始派付常参官到各州均田。"建隆以来，命官分诣诸道均田，苟暴失实者辄谴黜。"②

---

① （元）脱脱等撰：《宋史》卷173　志第126　食货志上一。
② （元）脱脱等撰：《宋史》卷173　志第126　食货志上一。

第七，别立形势户版簿。宋初，由于制定政策和监管不力，时常会发生一些偷税、漏税和转嫁税款到农民身上的事情。宋太祖认识到这个弊端后，采取一系列预防政策。如在乾德元年（963年），令各县根据管内情况，每年编造一种特殊的文账，详载这些形势户的税额数目，按籍督促，限其前半月交清。如发觉有现任文武职官和州县"势要人户"故意隐漏租税的情况，所有干系官员人等，皆要负连带责任。

第八，在天灾饥荒年，宋太祖推出各种赈济饥荒、减免除赋役的政策。据《宋史·食货志上六》记载：

> 初，建隆三年，户部郎中沈义伦使吴越还，言："扬、泗饥民多死，郡中军储尚余万斛，宜以贷民。"有司沮之曰："若岁不稔，谁任其咎？"义伦曰："国家以廪粟济民，自当召和气，致丰年，宁忧水旱耶？"太祖悦而从之。四年，诏州县兴复义仓，岁收二税，石别收一斗，贮以备凶歉。平广南、江南，辄诏振其饥，其勤恤远人，德意深厚。

关于宋太祖赈济灾民的记载还有很多，例如：建隆三年（962年）正月诏："命淮南道官吏发仓廪，以赈饥民。"同年十二月诏："蒲、晋、慈、隰、相、卫六州饥，诏所在发廪赈之。"乾德三年（965年）三月诏："诏诸道发义仓赈饥民者勿待报。"乾德五年（967年）七月诏："委诸道州府长吏预告人民，有灾伤处并放今年租赋。"开宝元年（968年）五月诏："赐江南米十万斛，民饥故也。"六月诏："应诸道州县民田，有经霖雨及河水损败者，今年夏租及缘纳物，并予放免。"开宝七年（974 年）十一月诏："放蒲、晋、陕、绛、同、解六州所欠租税。关西诸州，特蠲其半，以灾伤故也。"

宋初，宋太祖所采取的一系列恢复与发展农业生产的政策，在一定程度上激发了民众的农业积极性，打击了当时的豪强富室和贪官污吏的嚣张气焰，减轻了农民一部分不合理的税务负担和生活压力，为更好地发展农业生产创造了条件。这些农业政策的推行，在客观上是符合当时实际情况的，因此在一定程度上起到了促进农业生产的作用。《宋史·食货志上一》对此总结说：

> 宋承唐、五季之后，太祖兴，削平诸国，除藩镇留州之法，而粟帛钱币咸聚王畿；严守令劝农之条，而稻、粱、桑、枲务尽地力。

二、兴修水利和治理水患

宋初在实施的各种经济改良政策中，水利建设被提到前列地位。除去一般的防洪、灌溉和运输交通以外，水利的开发更有着特殊意义。宋初主要水利工程建设，可以划分为治理黄河水患和发展漕运两大体系。

　　受五代时期战争和政治腐败的影响，黄河地区的水患情况十分严重。宋王朝建立以后，宋太祖在治理水患方面采取了一系列积极的措施。宋太祖深知治理黄河水患的最好办法，就是采取修治、植树和巡查等措施。在修治方面，乾德元年（963年），朝廷下令重凿砥柱、三门，修筑堤岸和堵塞决口。"太祖乾德二年，遣使案行黄河，治古隄。"①在黄河改道的地方，发动民众修筑遥堤捍御。而每当河决以后，立即征集民夫和州兵进行堵塞。乾德五年（967年），宋太祖又制定每年例修的制度，以年头正月到三月为期，以此为标志，防范水患的态度由消极的临时堵塞，转变为经常性的防治，这是一个很大的进步。在植树方面，朝廷意识到植树既可防洪，又可供应修河需用的木料。宋太祖对此三令五申，如建隆三年（962年）诏：沿黄、汴河州县长吏，每岁首令地方分兵种榆柳，以壮堤防。在宋太祖统治的十七年中，只有七年有水患发生，虽发生了十多次的溃决，却始终没有造成较严重的影响。

　　政治上，以漕运为核心，建设都城政治经济文化中心。北宋的京都东京（开封）能发展起来，是因为四方漕运的影响。宋太祖时期，治理了汴河、蔡河、五丈河三条漕运河流。正是因为漕运的影响，使开封不仅成为国家的政治中心，更因

---

　　①　（明）陈邦瞻撰：《宋史纪事本末》卷9　治河，中华书局2015年版。

其运输优势成为全国经济中心。经过宋初的整治，以东京为中心的水道交通网的扩建，加强了中央政府和各地区之间的军事、政治、经济、文化的联系，特别是南北之间的联系。正是利用交通运输业的便利和优势，宋太祖大大加快了统一全国的进程。

军事上，船只通过汴、蔡两河，每年要运江淮稻米几十万石，来供应京师地区军粮。这样使得京师腹地兵精粮足，保障了国家军队的庞大和持续性，震慑了各地的割据势力。

经济上，水利的兴修增加了灌溉面积，也保证了城乡物资的便捷运输，这对于恢复和发展农业和手工业的生产都有着很大的帮助。尤其是疏凿蔡河后，京城周围出现了"舟楫相继，商贾毕至，都下利之'①的情景。在修整了五丈河后，京城周围出现了"京东自潍、密以西州郡，租赋悉输沿河诸仓以备上供……始得舟楫通利，无所壅遏"②的情景。

《宋史·食货志上三》对此总结说：

> 宋都大梁，有四河以通漕运：曰汴河，曰黄河，曰惠民河，曰广济河，而汴河所漕为多。太祖起兵间，有天下，惩唐季五代藩镇之祸，蓄兵京师，以成强干弱支之势，故于兵食为重。

---

① （宋）司马光编著，（元）胡三省音注：《资治通鉴》卷294　后周纪5　世宗六年。

② （宋）王曾撰：《王文正公笔录》10国初方隅未一，中华书局2017年版。

三、整顿税制

　　唐朝"安史之乱"发生后，藩镇拥兵自专，赋税收入很少上交中央政府。五代以来，各割据政权为维持战争需要，税制变得十分沉重，百姓苦不堪言。宋太祖深知民众疾苦，也意识到各个地区的税制存在诸多弊端。北宋建立后，宋太祖逐步革除苛征暴敛，相对地减轻民众的负担，对唐末五代以来混乱的赋税制度做了一些必要的清理整顿，对某些过分沉重的赋税有所减免。在统一的过程中每当消灭一方割据势力之后，朝廷就会首先在该地区实行税制的改革，例如：平定荆湖后，宋太祖免去湖南茶税及无名赋税，荆南地区的夏税也缩减了一半；平定西蜀后，免去茶的禁榷、米面、民户嫁妆的税收；平定南汉后，废除该地区大多不正规的税收制度；平定岭南诸州后，废除刘铢所收取的各种苛捐杂税。

　　宋初，宋太祖统一和改进了很多税制的监督制度、征收方式、计量标准、征税时间，这避免了很多私自谋取利益和欺骗朝廷的行为。每收复一个地区，朝廷都会派京官去各地巡视征收税制的具体情况，如发现勒索舞弊，查明后一律严惩，数额巨大者，更会执行弃市之刑。

　　田税是北宋政权的主要税收来源。朝廷规定，向土地所有者按亩征税，每年夏秋各征收一次。在征收时间上，宋朝沿用后周制度，把两税的征收时间确定下来，根据地理条件的差异，田蚕成熟的早晚，做出如下具体规定：

开封府等七十州，夏税旧以五月十五日起纳，七月三十日毕。河北、河东诸州气候差晚，五月十五日起纳，八月五日毕。颍州等一十三州及淮南、江南、两浙、福建、广南、荆湖、川峡五月一日起纳，七月十五日毕。

秋税自九月一日起纳，十二月十五日毕。后又并加一月，或值闰月，其田蚕亦有早晚不同，有司临时奏裁。继而以河北、河东诸州，秋税多榆边郡，常限外更加一月。江南、两浙、荆湖、广南、福建土多杭稻，需霜降成实，自十月一日始收租。

官田招佃农耕种，由政府收取地租，称为"公田之赋"。但官田本身无人交纳秋夏二税，往往又把二税加到佃农头上，加重地租数量，即所谓"重复取税"。

北宋的身丁税规定，男子二十岁为丁，六十岁为老。凡是二十岁至六十岁的男丁，都要交纳身丁税，交钱或交绢，与两税同时交纳。

北宋政府变通五代十国的苛捐杂税，以类合并，统称之为"杂变"。其中名目繁多，如农器税、牛革税、蚕盐税、鞋钱等，即所谓"随其所出，变而输之"①。"杂变"也必须随同两税一起上交。

---

① （元）脱脱等撰：《宋史》卷174　志第127　食货志上二　赋税。

此外，手工业税、商业税亦是政府重要的财政来源，宋太祖在这方面也都有所规定和征收。

四、宽减徭役

北宋徭役与五代时期相比减轻了很多。

北宋初期，很多地区还沿袭着五代陋习，有着大量非法奴役民众的现象。北宋建立后，宋太祖为了发展经济，笼络人心，根据当时的实际情况推行了多种宽减徭役的政策。建隆二年（961年），罢去各道州府征用平民充当急递铺递夫（驾马传递书信的人员）的劳役，从此改用军卒担任；次年，罢去平民搬运戍军衣物的劳役，也改用军卒替代。又令"文武官内诸司、台、省、监、诸使，不得占州县课役户；及诸州不得役道路居民为递夫"①，"各县令佐检察差役，如有负担不平，许民众自相检举。乾德五年（967年），又下令禁止各州职官实行户供课役。乾德六年（968年）又诏令：王者之道，使人以时，非唯不夺于农功，亦冀无烦于民力。自今应诸道州府军县上供钱帛，并官备车乘送。其四川诸州合般钱物，即于水路官自漕运，不得差扰所在民人。②此外，宋太祖

---

① （元）脱脱等撰：《宋史》卷177　志第130　食货志上五。

② 曾枣庄、刘琳主编：《全宋文》第一册　卷5宋太祖五　上供钱物不得差扰民人诏。

又一再减少各县弓手（地方性治安武装）的名额。经过宋太祖的改革，农民所承受的徭役负担大大减轻，除了担任差弓手、壮丁一类的角色，就剩下修缮河流的角色了。宋太祖对此十分欣慰，他说："自朕即位以来，平常没有派遣什么徭役，只有春初修筑河道，那也是为了百姓防患。"

对于宋太祖宽减徭役的情况及意义，《宋史·食货志上五》这样总结说：

> 役出于民，州县皆有常数。宋因前代之制，以衙前主官物，以里正、户长、乡书手课督赋税，以耆长、弓手、壮丁逐捕盗贼，以承符、人力、手力、散从官给使令；县曹司至押、录，州曹司至孔目官，下至杂职、虞候、拣、掏等人，各以乡户等第定差。京百司补吏，须不碍役乃听。

五、发展工商业

宋太祖统治时期，北宋政府重视发展各种工商业，改进了以开封为中心的水道网，使开封城成为全国最大的工商业经济中心。这时的京城人口开始急剧增加，至开宝元年（968年），京城不得不再次进行扩建。此外，在宋太祖推行的经济政策中，和工商业发展关系最密切的，还有改革币制和减轻工商税两项。

建隆二年（961年），宋太祖改革货币与金融政策，颁布法令，明确规定过去流入各州使用的各种钱币一律禁止在市面上流通，官府将统一铸造"宋通元宝"钱，作为新的流通货币。据《宋史·食货志下二》中记载：

> 盖自五代以来，相承用唐旧钱，其别铸者殊鲜。太祖初铸钱，文曰"宋通元宝"。凡诸州轻小恶钱及铁钱悉禁之，诏到限一月送官，限满不送官者罪有差，其私铸者皆弃市。铜钱阑出江南、塞外及南蕃诸国，差定其法，至二贯者徒一年，三贯以上弃市，募告者赏之。江南钱不得至江北。

正是钱币的统一政策，对北宋工商业的发展起到了重要的促进作用。至建隆三年（962年）和乾德五年（962—967年），宋太祖又反复重申上述法令，并让官府收回了很多民间私藏的钱币，并声明私铸钱币乃犯死刑之罪。在控制货币和汇兑方面，"会子、交子之法，盖有取于唐之飞钱"①。北宋仿效唐代飞钱办法，即商人外出经商带上大量铜钱有诸多不便，便可先到当地官方开具一张凭证，上面记载着地方和钱币的教目，之后持凭证去异地提款购货，此凭证即飞钱。开宝三年（970年），又在东、西两京，设置便换的专门机构，名叫便钱务。特令诸州长官，遇商人持券兑款，必须当日给

---

① （元）脱脱等撰：《宋史》卷181　志第134　食货志下三　会于。

付，不得稽迟，违者科罚。便换、飞钱的措施，对商人携带货款行商，给予了很大方便，为当时的京城乃至全国的工商业发展创造了便利条件。

五代十国时期，在边境地区，各割据政权对过往商品的征税额度和种类是繁重复杂的，这就使得商人们赚不了什么钱，从而影响到他们的经商积极性，这种现象在一些大城市里也时常发生，所以给中原地区商业的发展造成了严重的障碍。故建隆元年（960年），宋太祖就向所管辖的边境地区下令禁止这项弊政，"所在不得苛留行旅，赍装非有货币当算者，无得发箧搜索"①。同时又颁布《商税则例》，命令各地税收机关，将各种商品的税目清单写成榜文，在衙门的墙壁上张贴起来，使商人缴纳商税易于知晓。税目清单是由中央政府单独制定和下发的，它是由中央政府根据各地区的不同情况制定出来的，如没有中央政府的批准，不准擅自改动，或者滥添新税。这个严苛的《商税则例》一直是宋朝商业领域的"家法"。正是这些政策的制定和实施，使一些贪污现象得到很好的整治，也极大促进了北宋工商业整体良好的发展。

此外，宋太祖为了促进工商业的发展，也对手工业生产者、商人实行了一系列让步的减税政策。对于一些地区的贩夫贩妇，进行一些零碎交易的，如岭南的商人贩运生药，民间

---

① （宋）马端监撰：《文献通考》卷14　征榷考一　征商，中华书局2011年版。

织造缣帛的非商品生产，都免去了其商业税。如过去在沧、德、棣、淄、齐、郓等州，长汀会在交通要路的渡口设卡收税，叫津渡钱。北宋建国后不久，宋太祖便下令取消这些地方的三十九处津渡钱，并声明以后如遇水涨，乡民可以自由置渡，不再收税。建隆二年（961）二月为刺激京城商业的发展，在蔡河、颍河、五丈河沿河等州县，朝廷对载有商品的民船，都实施了免收商税和减轻运费的政策。正是这些政策的推行实施，极大刺激了京城附近的工商业的发展。

值得一提的是，宋太祖也十分重视对外贸易的发展。乾德二年（964年），朝廷在建安（今江苏扬州西南，即后来的真州）、汉阳（今湖北武汉）、蕲口（今湖北蕲春西）三地，成立榷署，目的在于垄断对江南的互市，即赵宋王朝与外国或异族之间贸易的通称。开宝四年（971年）统一南汉后，广州设置市舶司，以管理海外的贸易。当时从这个海道前来，和宋王朝发生朝贡关系的国家有大食、高丽、女真等国。后北宋和辽国建交后，北方沿边的互市也开放了，不过由于建交的时间较短，后由于两国战争，没等北宋成立管理机构，两国就停止了贸易往来。而这时的回鹘、西夏和西南蕃国，北宋与它们之间都通过相互朝贡方式，交换了许多有经济价值的物资，如马、驼、玉、琥珀、毛褐、白（叠毛）布、玉鞍辔、琉璃器等物，都开始大批输入北宋，对外贸易逐渐兴盛起来。宋太祖重视发展工商业与对外贸易政策开了中国传统王朝重工商政策之先河，这种重视工商经济与开放贸易等政策，对宋王朝的经济发达起到了保驾护航的重要作用。正是在宋太祖的不懈努力下，北宋的手工业、纺织业、煮盐业、军器业、造船业、陶瓷业以及商业、外贸等经济行业都有了前所未有的发展，使北宋王朝成为中国历代王朝中工商业最繁荣、经济最富庶的一个朝代。[1]

---

[1]　参见《国学经典文库》丛书编委会编著：《宋太祖赵匡胤》，现代出版社2018年版，第116—132页。

第七章　统一的策略与进程

　　上自即位，数出微行，或过功臣之家，不可测。赵普每退朝，不敢驳衣冠。一夕大雪，普谓上不复出矣，久之，闻扣门声异甚，亟出，则上立雪中。普皇恐迎拜，上曰："已约吾弟矣。"已而开封尹光义至，即普堂设重裀地坐，炽炭烧肉，普妻行酒，上以嫂呼之。普从容问曰："夜久寒甚，陛下何以出？"上曰："吾睡不能着，一榻之外，皆他人家也，故来见卿。"普曰："陛下小天下耶？南征北伐，今其时也，愿闻成算所向。"上曰："吾欲收太原。"普默然良久，曰："非臣所知也。"上问其故，普曰："太原当西、北二边，使一举而下，则边患我独当之，何不姑留以俟削平诸国。彼弹丸黑子之地，将何所逃？"上笑曰："吾意正尔，姑试卿耳。"于是用师荆、湖，继取西川。

一、先南后北的统一策略

宋太祖这位出身于军人的皇帝，在夺取政权之初，便显示出过人的一统天下之志，制定了一统天下之策。

宋太祖虽然承袭了后周统治疆域，但其号令所至，不出中原黄河、淮河流域一带，举目四望，皆他人邦国，使其一统天下的理想与尴尬的客观现实颇不相合。能否结束中国四分五裂的局面，大大关系着赵宋王朝的前途和长治久安。建隆元年（960年）八月，刚镇压了起兵反叛的藩镇李筠之乱，宋太祖就想乘胜率军进攻北汉，开始统一天下的战争。为此，宋太祖私下向武胜节度使张永德征求意见，但张永德认为："太原兵少而悍，加以契丹为援，未易取也。臣以每岁多设游兵，扰其农事，仍发间使以谍契丹，绝其援，然后可下也。"[1]宋太祖听后称善。随即李重进又在扬州起兵叛宋，宋太祖首征北汉的计划遂被搁了下来。

待到消灭了当时藩镇中力量最强的李筠、李重进两大势力，并解除了禁军将帅之兵权强化中央集权之后，宋王朝内部已基本稳定下来，在这种情况下，宋太祖开始着手统一战争的准备。据史书记载，当时就"统一天下之策"，宋太祖与心腹大臣赵普之间发生了以下一段著名的对话。

---

[1] （元）脱脱等撰：《宋史》卷255 列传第14 张永德。

在一个大雪纷飞的冬夜，宋太祖忽然微服出宫，来到赵普家里，围着火炉烤肉，赵普的夫人和氏把盏斟酒。酒过三巡，赵普从容问道："夜深寒甚，陛下何以外出？"

宋太祖回答："吾睡不能著，一榻之外，皆他人家也，故来见卿。"

赵普又问："陛下小天下耶？南征北伐，今其时也，愿闻成算所向。"

宋太祖道："吾欲收太原（北汉国都，此代指北汉）。"

赵普听后默然不语，过了许久才说道："非臣所知也。"

宋太祖便询问他不赞同的原因，赵普说："太原当西北二边，使一举而下，则边患，我独当之，何不姑留以俟削平诸国。彼弹丸黑子之地，将何所逃。"

宋太祖大笑："吾意正尔，姑试卿耳。"

"于是用师荆、湖，继取西川。"[①]

这就是历史上著名的"雪夜定策"故事。

对宋太祖、赵普决定采用"先南后北"统一战略的原因及其具体步骤，上述这段对话中并未明示，但宋人笔记《东轩笔录》所载宋太祖与赵光义的一段话，正好回答了这个问题。宋太祖说：

中国自五代以来，兵连祸结，帑廪虚竭。必先取西川，

---

① （宋）李焘撰：《续资治通鉴长编》卷 9　开宝元年七月丙午。

次及荆、广、江南，则国用富饶矣。今之劲敌，止在契丹，自
开运以后，益轻中国。河东正扼两蕃，若遽取河东，便与两
蕃接境，莫若且存继元，为我屏翰，俟我完实，取之未晚。①

由此可见，宋太祖这一先消灭南方各割据政权，然后再
消灭北汉以实现统一的战略方针，是建立在对宋与契丹政权
双方实力正确的评估基础上的。正是在仔细分析了宋、辽两
国政治、经济情况以及双方军事实力对比的基础上，宋太祖
将统一的战略确定为"先南后北"，先逐个消灭南方割据力
量，然后在平定北汉之后再全力收复燕云失地。

二、先南后北统一战略的实施

宋太祖完成统一战略的具体步骤可以概括如下：

第一步，向北，积极防御，稳固西、北两边之防务。为
能顺利实现"先南后北"的统一方略，宋太祖根据南北力量
对比，向南取攻势，密切注视南方各割据政权的政治动向，
积极寻找合适的时机与突破口，以便逐个加以消灭。而向北
取守势，分派强将劲兵加强西北边境地区的防御，以免自己
在专力经营南方上有后顾之忧，具体部署如下：

---

① （宋）魏泰撰：《东轩笔录》卷之一，中华书局1983年版。

以李汉超屯驻关南（今河北雄县、徐水一带），马仁瑀驻扎瀛州（今河北河间），韩令坤镇守常山（今河北正定），贺惟忠屯守易州（今属河北），何继筠守卫棣州（今山东惠民），以防御契丹。

以郭进控扼西山（今河北石家庄西南一带），武守琪守卫晋州（今山西临汾），李谦溥戍守隰州（今山西隰县），李继勋驻守潞州（今山西长治），以防备北汉。

以赵赞屯兵延州（今陕西延安），姚内斌（即当年赵匡胤随周世宗从征三关时招降的契丹守将）戍守庆州（今甘肃庆阳），董遵诲驻扎环州（今甘肃环县），王彦升（即在陈桥兵变中杀死韩通者）驻守原州（今甘肃镇原），冯继业驻守灵武（今属宁夏），以监视分布于西北地区的党项族等蕃族武装。

第二步，收复荆、湖，首先是向十国中最小的国家荆南与楚开刀。

宋太祖从建立宋朝的第四年开始，即着手征讨南方。目标首先指向力量弱小的盘踞湖北的荆南与割据湖南的楚两大地方割据政权。

荆南由高季兴建立，又叫南平国，它的疆域最大时也只有江陵（荆州）等三州，即今天的湖北江陵、公安一带。本来，像它这样小的国家是很难独立自保的。半个世纪来，它之所以能够在夹缝中生存下来，在很大程度上是占了地理上的优势，起了各国分立割据缓冲地带的作用。随着中原王朝与南唐的对立，唐代时候主要的交通要道大运河被封锁，南方各国与北方的贸易除了通过海上外，陆路交通只有经过荆州才能北上。这样，江陵就成了陆上南北交通的要冲。当时，这里建立了一个规模很大的茶叶贸易集市，北方商人贩运到中原的茶叶等南方特产，都是从荆州采购去的，这为荆南开辟了一项巨大的财政收入。只是，这个小国夹在中原王朝、南唐和后蜀三个大国之中，为了能生存下去，高氏对邻近的三个大国谁都不敢得罪，就是对距离很远的闽和北汉及北方的契丹也保持着一定的联系。

湖南的楚政权是荆南的南部邻国，原来是由木工出身的武将马殷建立的楚国。这里物产丰富，靠输出茶叶获得了巨额利润，在开封等中原王朝的许多都市里，都有湖南人开设的专门贩卖茶叶的货栈。在这个靠经济立国的割据政权中，大商人都成了官僚，参与国家的军政大事，这种情况是在其他割据政权中所没有的。

马氏被南唐灭掉后，其部将周行逢在国内立即宣布自立。但是，在他死后，统治集团内部发生混乱，周行逢的继承人、其子周保权请求宋朝救援。宋太祖认为，这是求之不得的绝好机会。于是，立即以帮助平息内乱的名义出兵湖南。处在宋与湖南中间的荆南，因为没有力量阻止宋军前进，也就在宋军的逼迫下，归顺了宋朝。湖南也没有进行多少抵抗，就被宋军攻下，随即于乾德元年（963年）也投降了宋朝。

宋朝对处在长江中游一带的荆南和湖南的征服，不但获得了已经成为生活必需品的茶叶以及其他大量财货，而且在后蜀和南唐两个大国之间扎进了一根钉子，切断了两国间的联系。特别是后蜀，在周世宗时已被封锁了北面边境，现在宋军又控制了长江的出口，就像装在布袋里的老鼠，宋王朝军队下一步的矛头所指，当然是后蜀无疑了。

另外，对宋朝来说，荆南、湖南是它最早征服的地方，所以特别注意在这两个占领国实施的统治政策，并作为今后对各征服国实施的占领政策的模型。在平定荆南、湖南后，宋太祖除了对这些地区减免租税外，并对罪犯减刑或给予释放、允许士兵解甲归田，同时还继续让这里的文武官员继续担任原来的职务。在重要的州，则派遣中央大臣担任知州，代表朝廷加以管理，而在湖南各州设置通判，监督州的政务。宋代设置通判就是由此开始的，并作为一项策略在被征服地区实施，后来扩大到全国。

第三步，平定后蜀。

宋王朝建立不久，很快就征服了荆南和湖南，这对后蜀来说，是一个沉重的打击。蜀主孟昶立即急急忙忙地派使者到北汉，准备与北汉结成同盟，对宋朝形成夹击之势。可是，这一密信落到了宋太祖手里。宋太祖抓住这把柄，高兴地说："吾西讨有名矣。"①

乾德二年（964年）十一月，宋太祖派王全斌与王仁赡

---

① （宋）李焘撰：《续资治通鉴长编》卷 5 大祖，乾德二年十一月。

率领六万大军，分两路出兵攻蜀。出发前，宋太祖设宴招待出征将士，席间，一员武将宣誓说："四川若在天上，固不可到，在地上到即平矣。"宋太祖听了大喜。对王全斌等将领们说："凡克城寨，止籍其器甲、刍粮，悉以钱帛分给战士，吾所欲得者，其土地耳。"[①] 出征那天，正值都城大雪纷飞，宋太祖穿着厚厚的貂裘皮衣在朝廷处理公务，猛然回头看见侍从，不禁触景生情地说："我被服如此，体尚觉寒，念西征将帅冲犯霜霰，何以堪处！"[②] 于是，立即脱下貂裘衣服，派人送到王全斌那里。王全斌接到裘衣，感激得涕泪交流。

五十年来，后蜀几乎不知道战争，军队中将领士卒都是老弱病残，毫无战斗力，即使凭借栈道天险，也无法阻挡势如破竹的宋朝军队。965 年正月，宋军跨越天险，一举攻入四川盆地，只用了六十余天就使后蜀投降归顺。

第四步，讨伐北汉。

宋太祖平定后蜀以后，一度暂停南征，把讨伐的矛头指向北汉。

968 年，北汉睿宗刘钧去世，他的养子们因争夺继承权，发生了严重的内乱。

一开始，宋太祖根据"先南后北"的策略，并没有征讨北汉的打算。但是，南征告一段落后，由于北汉统治集团内

---

① （宋）李焘撰：《续资治通鉴长编》卷 5，乾德二年十一月乙亥。

② （宋）李焘撰：《续资治通鉴长编》卷 5，乾德二年十二月。

部发生变乱，宋太祖认为这是征讨北汉的一个大好时机，忘记了在北汉背后还有一个支持它的契丹政权。开宝二年（969年）二月，宋太祖亲自率领军队北征。两个月后，包围了太原城，并采取了水攻的办法，但是持续了三个月，还是没有把这座坚固的城池攻下。由于长时期地下雨和酷暑的侵扰，宋军士兵疲惫不堪。这时，契丹又出兵援助北汉，战斗进行得十分激烈、艰苦。为了防止长期在外作战，后方发生不测事件，同时考虑到南方还有一些割据政权没有平定，宋太祖最后接受了赵普等人的劝谏，从太原撤退回到汴京。这次攻打北汉，虽然由宋太祖亲自出征，却以失败告终，这是宋太祖一生军事生涯中唯一的一次败仗。

第五步，攻取南汉。

北征北汉失败后，宋太祖立即转变方向，重新把注意力放到平定残存的南方割据政权上面，矛头首先指向远在岭南的南汉。

南汉是唐末任岭南节度使的刘隐建立起来的地方政权，在他的弟弟刘岩时正式立国称汉，并定都广州。在岭南，有唐代末年逃避战乱从中原来的仕宦贵族，有犯了罪被流放到这里的唐代官僚及其子孙。还有的地方官，由于战乱，在任期满了以后，不能返回朝廷，也就一直留任居住在那里。刘氏兄弟召集这些中原来的士人，让他们帮助治理国家，各州的刺史也任命文官担任。在武人专横跋扈的五代时期，南汉却能推行文官政治，又加上在地理上与中原隔绝的有利条件，六十多年来，南汉政权基本上维持了一个安定的局面。

但是，南汉历代统治者极端荒淫暴虐，例如使用火烧、水煮等极其残酷的刑罚，让罪犯同猛虎、大象争斗，等等，当时人用"如处炉火"来形容民众生活的痛苦。经济上，南汉统治者巧立名目，横征暴敛，引发民众的不满。

宋太祖听说南汉刘氏如此残暴，十分震惊，下决心说："吾当救此一方之民。"[①] 开宝三年（970 年）九月，宋太祖派遣潘美统率大军讨伐南汉，在开宝四年（971 年）二月攻下广州城。南汉主刘张到潘美军门投降，接着刘张和当时被俘的南汉王室成员九十七人一起被送往北宋都城汴京。

第六步，灭亡南唐。

南唐是南方割据政权中势力较强的一个国家，南唐国主也颇有平定中原之志，但自周世宗攻取淮南十四州后，南唐国力大减，但仍据有江南十九州，而且那里土地肥沃，没有像中原地区那样遭到长期战争的破坏，所以经济繁荣、国力富裕，成为宋太祖消灭南方诸割据政权以完成统一大业的最强敌手。但身受后周沉重打击的南唐政权，再无称霸中原之野心，只思苟安江南，因此面对全盘接受周世宗一统天下之志的宋太祖咄咄逼人之势，其所考虑的只能是企图通过向宋朝屈服以求自保。建隆元年（960 年）正月，刚篡夺了后周政权的宋太祖为免四面受敌，主动向南唐示好，将在后周世宗亲

---

① （宋）李焘撰：《续资治通鉴长编》卷 9，太祖开宝元年九月。

征淮南时所俘获的南唐降将周成等人放归江南。向后周称臣纳贡的南唐中主李璟正为不知新朝对自己的态度而忧虑，现见宋朝主动示好，喜出望外，立即遣使送上大批金帛祝贺，并在当年宋太祖成功消灭潞州李筠、扬州李重进两大反宋势力后，赶紧送上大量礼物祝贺、犒师，并派遣其子李从镒来觐见亲征扬州的宋太祖。不过宋太祖对南唐颇为戒备，在即位后不久，就命武胜军节度使宋延渥等率舟师巡察江防。十一月攻克扬州之后，宋太祖也颇有意乘胜渡江南下，命令诸军将士在长江中练习水战，使得南唐君臣大骇，南唐官员杜著、薛良叛唐而来，向宋军密告江南防务情况，但宋太祖考虑再三，认为时机尚未成熟，便以"不忠"之罪名，斩杜著，将薛良编配庐州服苦役，向南唐示意自己无意进军江南。结果，早已被吓得胆战心惊的南唐中主李璟，答应以事后周之礼节侍奉宋朝，并每年进献大批贡物给宋朝。南唐虽然用财物换来暂时的偏安局面，但每年进献宋朝的贡物和为防备宋军而支出的巨额军费，使得南唐国力日趋衰弱。

迫于宋军大兵压境之压力，南唐中主李璟将国都从金陵迁往南都（今江西南昌），并于次年六月郁郁而亡。其子李煜嗣位，时年二十五岁，史称南唐后主或李后主。

胸怀"统一天下"之志的宋太祖不可能容忍这一割据政权长久存在，而且宋朝在消灭荆、湖、后蜀、南汉之后，其国力大增，灭亡南唐的时机已趋成熟。

自开宝五年（972年）起，宋太祖屡次要李煜到宋朝都城朝觐，欲以和平之法让李煜自动交出南唐政权。但不到万不得已，谁又肯轻易放弃权位。于是李煜"称疾不行"，但将每年进献的贡物数量增加了许多。于是，宋太祖加紧备战。

开宝七年（974年）九月，宋太祖以李煜拒绝来朝为借口，命宣徽南院使曹彬为升州西南路行营马步军战棹都部署、山南东道节度使潘美为行营都监、曹翰为先锋都指挥使，发兵十余万，战船数千艘，联合吴越军，五路并进，进攻南唐。战争持续了一年多，开宝八年（975年）十一月底，金陵攻破，李煜投降，南唐灭亡。

第七步，再伐北汉。

南唐灭亡后，宋太祖大体完成了对南方的统一，再次将目光转回北汉。

开宝九年（976年）八月，宋太祖任命侍卫马军都指挥使党进为河东道行营马步军都部署，宣徽北院使潘美为都监，虎捷右厢都指挥使杨光义为都虞候，骁将郭进为河东忻、代等州行营马步军都监，分兵五路再次讨伐北汉：郝崇信、王政忠率一部出汾州，阎彦进、齐超率军出沁州（今山西沁县），孙晏宣、安守忠率一部出辽州（今山西左权），齐延琛、穆彦璋率部出石州（今山西离石），郭进率部出代州（今山西代县）一带。九月，宋军一路进展顺利，党进率领宋军主力抵达太原城下，大败北汉军数千人。然而就在此时，宋太祖在"烛影斧声"这一千古疑案中神秘去世，年仅五十岁。接替皇位的宋太宗下令撤军，使得此次北征太原，又一次无功而返。

宋太祖对北汉用兵，虽然没有达到灭亡北汉的目的，但却给了北汉沉重的打击。当时北汉所属十一州中仅剩下军兵三万，人口约三万五千户，北汉灭亡已指日可待了。太平兴国四年（979年），宋太宗在初步稳定了自己的统治后，再次集中兵力，派大将潘美等分兵四路进攻北汉，刘继元计穷力竭，开城出降。至此，军阀混战、政局动荡、生灵涂炭、民不聊生的五代十国历史宣告结束，中国历史进入了一个以宋王朝为发展方向的新的时代。

第八章　"宋挥玉斧"与北御契丹

宋太祖统治时期，因为唐末五代以来的长期战争破坏，宋王朝国力一时难以复振，无力像大唐盛世时代那样统治与管理偏远边疆地区的少数民族政权，不得不集中力量结束五代十国的割据分裂状态，而对鞭长莫及的西南地方与北方强辽分别采取和平相处的外交政策。"宋挥玉斧"与"封桩库"的故事传说，即是对宋太祖在处理与西南大理国政权及北方辽国统治下燕云十六州的政治智慧的一种理想的表述。

一、"宋挥玉斧"

"宋挥玉斧"是说宋太祖赵匡胤在观看地图时用玉斧（一种文房古玩）画大渡河为宋与大理国之边界的故事。

有关"宋挥玉斧"的记载，据现见史料看，当以《宋史·宇文常传》为最早：在宋徽宗政和（1111—1118 年）末年，有人上书宋廷，要求在大渡河外建筑城邑，以便与大理国"互市"贸易。宋廷就向知黎州（今四川汉源）的宇文常了解情况，宇文常上奏说："当年后蜀孟氏归降，艺祖（宋太祖）取后蜀地图观之，画大渡河为境，故历一百五十年无西南边患。今如若在大渡河以外地方建城立邑，如蕃夷一旦有贰心，边隙即开，非中国（此指宋朝）之福也。"这是北宋末年之事。

南宋时期，"宋挥玉斧"故事流传得更为完整。据《滇载记》称：王全斌既灭后蜀，欲因兵威取滇（今云南），将地图进呈天子。宋太祖有鉴于唐朝之祸亡就始于征讨南诏（约与唐朝同时的云南地方政权）之教训，便以玉斧画大渡河，曰："此外非吾有也。"由此云南三百年不通中国（宋朝），段氏大理国得以割据云南。

从上述两则记载上看，"宋挥玉斧"故事虽然广为流传，但颇有后人加工制作的痕迹。因为在宋初灭亡后蜀、占领四川之时，云南大理政权曾让其臣属的建昌城（今四川西昌）守将送信到黎州，主动与宋王朝联络。宋太祖未乘势攻取云南的原因，是因为对定都开封的宋廷来说，云南地区实在是有些太遥远了，大有鞭长莫及之感，而且当时宋太祖正忙于稳固政权、平定南方诸割据政权之际，也无暇顾及远在西南一隅的大理国。至于"画大渡河为境"之说法，当是后蜀与大理国的分界线大体就在大渡河一线，因此，宋朝占领后蜀之后未乘势再挥师南下，其与大理国的边界定在大渡河一线，也就为自然而然之事了。又宋将王全斌平定四川后不久，就因激起兵变而被围困在成都城内，待两年后兵变被镇压后，便遭贬官而离开了四川，因此，王全斌想趁机攻取云南之说，也与史实不符。

五代后晋天福二年（937 年）二月，段思平在羊苴咩城（今云南大理境内）建立了大理国。北宋元符二年（1099年），大理国权臣杨氏和高氏先后篡夺了王位，但由于滇东乌蛮三十六部的反对，高氏又将王位归还给段氏，史书上称之为"后大理国"。南宋宝佑元年（1253 年），蒙古统帅忽必烈（即元世祖）乘革囊（羊皮筏）渡金沙江，灭亡了大理国。

历史上，大理国以羊苴咩城为都城，设八府、四郡、三十七部。大理国建立后，实行封建分封制，促使生产力有所发展。大理国从段思平至段兴智共二十二王，历时三百一十七年，大体与宋王朝相始终。宋王朝虽然没有直接治理过云南地区，但大理国与中原王朝的关系，并未如史书所说的那样，被"玉斧"一划而割断了往来，大理国不断向宋王朝称臣纳贡，接受封赏。太平兴国二年（977年），宋太宗封大理首领白万为"云南八国都王"；政和七年（1117年），宋徽宗又正式册封大理国王段和誉为大理王。终宋一代，通过此类羁縻政策，对大理国形成了事实上的臣属关系。这种关系一直保持到大理国灭亡。

虽然"宋挥玉斧"的传闻与历史事实有很大的出入，但也并非空穴来风。历史的真实情况应该是宋太祖为使自己集中力量对付北方强敌，故对遥远的云南地方政权采取了与唐代不同的政策，主动划河为界，而与大理国和平相处。这是宋太祖对待西南少数民族政权的一种政治策略。

二、北御契丹

公元960年，赵匡胤建立大宋王朝，但恰不逢时的是，此时已有一个强大的政权横亘在中国的北方，这便是——辽国。辽国的建立比宋王朝早五十多年，与宋王朝形成南北对峙的局面，而且这个对峙几乎困扰了整个北宋时期。

辽国由契丹族的首领耶律阿保机于公元916年始建年号，国号初为"契丹"，后又改为"辽"。辽与北宋，在民族构成、经济生活等多方面形成鲜明对比。"宋"以汉族为主体，"辽"以契丹族为主体；前者以农耕生活为主，后者以游牧生活为主。辽宋之间的矛盾，始于宋朝的统一战争。

宋初，对于宋太祖来说，在军事上能真正对宋朝形成威胁的，也只有占据着北方燕云地区的契丹骑兵了。当年五代石敬瑭为换取辽国的支持，将燕云十六州拱手相送，使得纵横于东北平原上的契丹骑兵不战而得这一战略地位极其重要地区，而将其南界向南推进到雁门关、滹沱河一线。因此，对中原王朝而言，具有重要战略地位的燕云十六州既失，在河东方向尚有雁门关等关隘，相当于今内长城一线，还算是有险可守，这大概就是出身行伍的宋太祖屡次中断"先南后北"的进军方略，回头进攻北汉的主要原因之一吧。宋太祖十分清楚夺得雁门关一线，以堵上契丹骑兵南下通道的意义；而在河北方向，自古以来就把燕山山脉作为中原政权抵挡北方游牧民族骑兵南下的天然屏障，因此处于燕山南麓的燕京地区被辽人控制后，整个华北平原便无险可守，门户洞开。为此，周世宗在攻占了南唐淮南地区之后即匆匆收兵，然后掉头北征燕京，攻取了三关地区，其原因也在于此。宋太祖登基后，虽然迫于当时实力不足，采取了"先南后北""先易后难"以统一天下的战略方针，但内心深处一刻也没有忘记燕云地区。

乾德元年（963年）底，有军校上书"献阵图，请讨幽州"，宋太祖给予他不少赏赐以为鼓励。宋太祖还曾对赵普说，他日收复燕京后，将在长城上主要关隘古北口一带设防。也就是在这前后，宋太祖从统一荆湖地区开始，便在皇宫内左藏库外，又在讲武殿后另外设置封桩库，将所缴获的金银财物收藏其中，此后国家财政收入的赢余部分也被存入封桩库。宋太祖说："石敬瑭为一己私利，割让燕、云诸州以贿赂契丹，使一方百姓独限境外，朕甚为悯惜。等到此库中满五百万缗，当向契丹赎燕、蓟（蓟州，今天津蓟县）。如其不答应，则散此钱财募集勇士，用武力攻取。"并且对左右侍臣说："我以二十匹绢购一契丹人首。其精兵不过十万人，止费二百万绢，则敌尽矣。"①宋太祖设想用钱财从契丹手中赎回燕云十六州的原因，在于燕云地区是石敬瑭割让给辽国的，而非契丹骑兵攻战夺取的，因此宋太祖首先考虑通过赎买方式收复对中原王朝存亡攸关的燕云十六州，当然，双方势力对比也是宋太祖不敢轻易向辽国开战的重要原因。

当时宋军禁军兵力不足二十万人，以步军为主，其境内所辖人口也只有九十六万余户，而又"帑藏空虚"，即国库空虚，根本不能支持宋军大规模北伐燕云地区。而辽国的兵力，据《辽史》称有精兵三十万人，且契丹游牧民族有全民皆兵的特点，而且多为骑兵，剽悍轻捷，利于野战。因此在野外平原上作战，宋军实难占得便宜。既然没有胜算，身经百战的宋太祖当然不可能以硬碰硬，首先将兵锋指向北方。

建隆元年（960年）初，宋太祖利用统领禁军北上抵抗契丹兵马入侵的借口，发动兵变夺取了后周政权，此后南北之间发生多起小规模的战争，互有胜负。宋太祖为实现先扫平南

---

① （宋）李焘撰：《续资治通鉴长编》卷4　太祖乾德元年，

方割据政权的目标，对北防御，派遣宿将驻守北边诸州，只在边境上适当显示武力，并对来犯之敌进行适当而对等的反击，而不主动进攻，力图保持北方战线的暂时安定，使自己得以全力荡平南方诸割据政权。为此，宋太祖于开宝年间攻灭南唐政权的关键时刻，又让河北守将主动派人与辽约和，双方使臣互相来往，保持一段时期的和平相处。

开宝八年（975 年）正月，宋遣使节使辽贺正旦。自是双方互派使臣。三月，辽使臣来汴京拜见，宋太祖当日便接见，并赐给礼物，然后在长春殿设宴款待。宋太祖又把辽使召到便殿，观看禁军士卒的骑射表演，还令禁军卫士与辽使的两个侍从进行击毬比赛。辽使告辞时，宋太祖又召见赐给礼物，并对宰相说："自五代以来，北敌强盛，是因为中原衰弱，使得后晋出帝成为契丹俘虏，真是糟糕至极。现今其仰慕而来，乃是时运使然，非我有大德所能招致者。"八月，辽使臣再次来到汴京，宋太祖对来使赏赐了很多礼物，并让他们跟从自己去郊外打猎。宋太祖亲自走马射猎，箭无虚发，辽使伏地呼"万岁"，并私下里对翻译说："皇帝神武无敌，射必中的，所未尝见也。"年底，辽遣使臣来开封祝贺新年；次年初，宋太祖也派遣使臣北去祝贺辽景帝的生日。

总之，宋太祖统治期间，宋王朝按照"先南后北"的统一方略先后消灭了南方诸割据政权，而辽国政权也趁此时稳定了内部统治，扭转了逐渐衰微的国势，双方保持着一种和平的态势。

结　语　宋太祖治国论

　　强干弱枝与文官治政是宋太祖赵匡胤施政最明显的两大特点。

　　重文抑武，是由赵宋王朝初年的严峻形势决定的。唐末五代武将跋扈、军人专政、内战不断、酷刑暴敛、荼毒生民，给百姓的生产与生活带来了沉重的灾难。宋王朝建立后，国家的统一和社会稳定成为压倒一切的最大政治原则。宋太祖以文抑武，实行文官治国，代表了当时历史前进的方向。宋太祖的文治思想，其基本内涵就是将科举取士与文官政治相结合。宋太祖确立殿试制度，提拔寒门学子，培养天子门生，压抑世家大族，改变武人政治，士大夫从此成为赵宋王朝统治大厦的基石与支柱。士大夫与皇帝共治天下构成赵宋王朝统治的主要特色，对后世政治亦影响甚大。

一、以法治国，重振朝纲

宋太祖赵匡胤是从禁军统领通过陈桥兵变当上皇帝的，面对唐末以来军人干政、纲纪涣散、秩序紊乱的现状，为了巩固统治，他十分重视法制建设，力图重建社会文化秩序，在这方面煞费苦心，可谓想尽了办法。

北宋初年面临的局面是："盖唐之弊，自天宝已后，纪纲寖坏，不能自振，以至于失天下。五代兴起，五十余年之间，更八姓，十有四君，危亡之变数矣。"①宋太祖对此十分清楚。他深知，要巩固统治，首先就必须用法律的手段来重整政治与社会的秩序。因此，从宋王朝的基本法到具体的法律法规的制定与出台，宋太祖都十分重视，这为他以法治国奠定了基础。

建隆四年（963年）初，宋太祖令时任工部尚书判大理寺窦仪主持立法，是年七月，窦仪制定了《宋建隆重详定刑统》，简称《宋刑统》，后由宋太祖诏令颁行全国。宋朝亦沿用《大中刑律统类》立法模式，颁布了《宋刑统》，并由大理寺刻板印刷发行全国，是中国历史上第一部刻板印行的法典。《宋刑统》和唐律一样也是十二篇，除了个别要避讳的字

---

① （宋）曾巩撰：《曾巩集》卷第10，传序　进太祖皇帝总序，中华书局1984年版。

外，内容和唐律基本一致，可见唐律对于《宋刑统》的巨大影响。除了大量本朝的诏敕外，也收录了唐朝的一些法令和诏敕作为参考。例如，五刑制度沿用了唐律的规定，其他有关定罪量刑的规定如议、请、减、赎等也和唐律相同。但宋朝的刑罚也有了一些变化，如凌迟刑开始合法化就是在宋仁宗时期。

宋太祖统治时期，一直都在努力实施和完善国家的各项法律法规制度。

开宝四年（971年），宋太祖"诏御史中丞刘温叟、中书舍人李昉等重定《开元礼》，以国朝沿革制度附属之"①。

前面说过，乾德元年（963年）七月己卯，"判大理寺事窦仪等上《重定刑统》三十卷，《编敕》四卷，诏刊板模印颁天下"②。这一诏令的颁发，标志着宋太祖以法治国的开始。

乾德四年（966年）三月乙酉，宋太祖又从大理正高继申言，改正"刑统敕律有错误条贯未周者，凡三事"。三事是"准《刑统》，三品、五品、七品以上官，亲属犯罪，各用荫减赎。伏恐年代已深，子孙不肖，为先代曾有官品，不畏宪章，欲请自今犯罪人用祖父亲属荫减赎者，即须祖父曾任皇朝官，据品秩得使；前代官，即须有功及国，有惠及民，为时

---

① （宋）李焘撰：《续资治通鉴长编》卷12，太祖　开宝四年五月丙子。
② （宋）李焘撰：《续资治通鉴长编》卷4，太祖　乾德元年七月己卯。

所推，官及三品以上者方可"①。《刑统》起源于唐代的《律疏》，是国家的基本法律，而宋太祖又根据复杂的社会现象，制定了《编敕》，使它成为《刑统》的补充。除了《刑统》外，宋太祖还陆续制定和完善了其他诸多基本法律法规，从而奠定了宋王朝以法治国的基础。

宋太祖时期，宋王朝执法机构不断健全。宋以前已经有刑部、大理寺这两个专门的执法机构，但是宋太祖担心这两个机构用法不当，于是在建隆三年（962 年）"别置审刑院"，凡内外所上刑狱，刑部、审刑院、大理寺参主之，又有纠察在京刑狱，可以相审覆。四方之狱，则提点刑狱统治之。官司之狱在开封，有府司、左右军巡院在诸司，有殿前、马步军司及四排岸外则三京府司、左右军巡院、诸州军院、司理院，下至诸县皆有狱，从而建立了一套完整的司法机构。

另外，宋太祖在位期间，还制定了许多"家法"，以约束皇室、外戚、宦官，不使其乱政。"其待外戚也，未尝少恩，然在内不得预政，在外不得为真刺史，则无吕、霍、上官之祸。其于宦官也，未尝滥杀，然内侍官不得留后，虽有功不除宣徽，则无易牙专恣之祸"②。大宋王朝基本法律法规的完善和祖宗家法的制定，是对宋太祖法治思想在治国理政中的

---

① （宋）李焘撰：《续资治通鉴长编》卷 7，太祖　乾德四年三月乙酉。

② 曾枣庄主编：《宋代序跋全编》卷 58 书（篇）序 58《类编皇朝宋大事记讲义》序论《治体论》，齐鲁书社 2015 年版。

贯彻和实践，烙印着宋太祖治理国家的特色。

在具体收回地方司法权的事宜上，宋太祖也是作出了诸多考虑和采取了相应措施的。五代藩镇长官在当地的任何权力都是最大的，他们将马步院的牙校充马步军都虞候判官，变相夺取朝廷的司法大权。五代的一些藩镇里存在很严重的专横好杀现象，而执法者牙校经常会为私利而乱判违法犯罪之事，并刻意向朝廷隐瞒诸多案件，根本不把朝廷放在眼里。宋王朝建立后，宋太祖意识到再也不能放纵地方执法者的乱法行为，不然对稳定国计民生极为不利。不久，他就下令全国开始实行新的司法制度，各藩镇开始设立司法参军这一新职，由中央委派，专管各藩镇的刑政和考察新制度的实施情况。

五代时期，无论是京师，还是各地的州府、藩镇的执法机构，在判决犯人死刑后，一般不复奏朝廷，所以刑狱里常有冤案发生。为了革除这种弊端，加强司法的公正性，宋太祖恢复死刑复奏的司法制度。建隆三年（962年），宋太祖告诉宰臣曰："五代诸侯跋扈，多枉法杀人，朝廷置而不问，刑部之职几废，且人命至重，姑息藩镇，当如此耶！""乃令诸州自今决大辟讫，录案闻奏，委刑部详覆之。"[1]他下令"诸道州府依法断狱，毋得避事妄奏取裁，违者量罪停罚"[2]。

---

[1]　（宋）李焘撰：《续资治通鉴长编》卷3，太祖　建隆三年三月丁卯。

[2]　（宋）李焘撰：《续资治通鉴长编》卷3，太祖　建隆三年二月癸巳。

值得一提的是，宋太祖为改变五代以来权臣篡位，政权频繁更替的局面，在贯彻以法治国思想的同时，还大力提倡忠节观的道德文明建设。宋太祖曾在武成王庙观两廊所陈历代著名将相的画像，当场指示"功业始终无暇"的人才配享有如此殊荣。因之班超、秦叔宝等人进升，张飞、关羽等人被退，管仲则特制塑像奉祀。在宋太祖所提升、标榜的这些历史人物中，皆是文治武功突出，终其生忠于君主、国家的德功兼备的忠臣。宋太祖提倡"忠臣不事二主"，认为这是人臣应尽的义务。也正是从北宋开始，忠君爱国的传统观念才开始逐渐真正深入人心，积淀成为一种中华民族的观念和优良文化。后人所传扬《杨家将》《岳飞传》等忠君爱国的题材，无不与宋太祖提出的忠节观对后世的影响有着一定的关系。

开宝九年（976 年）十月二十日，宋太祖赵匡胤突然去世。宋太宗在其即位诏书中郑重宣告："先皇帝创业垂二十年，事为之防，曲为之制，纪律已定，物有其常，谨当遵承，不敢逾越。"[①]这几句话，不仅是对宋太祖统治立法原则的概括和继承，而且成为两宋三百年间历代帝王遵承不辍的治国原则。宋太祖重视用法律治国，努力恢复社会秩序，这使宋初很快就取得了拨乱反正的明显效果，真正结束了五代十国

---

① （宋）李焘撰：《续资治通鉴长编》卷 17，太祖　开宝九年十月乙卯。

的混乱局面，使多年的混乱社会再次走向和平与稳定，也在一定程度上保证赵宋政权的长治久安。

二、强干弱枝，加强中央集权

唐朝中期以后，府兵制被募兵制所破坏，各地节度使统帅的军人，都是招募的职业兵，将领们可以长期拥有大量军队，并不断扩大队伍，军队私人化最终导致武人干政，安禄山因此得以起兵反抗中央，酿成让唐王朝由盛转衰的"安史之乱"。安史之乱后，各地节度使们竞相扩大他们自己的军队，形成了尾大不掉的局面，中央政府失去了控制节度使的能力，最终形成藩镇割据混战的局面，这是导致唐王朝灭亡的一个重要原因。

五代十国以来，"兵骄则逐帅，帅强则叛上"[①]的现象屡屡发生，宋太祖即是在掌握禁军大权基础上才得以黄袍加身的。因此，在他上台之后，就不断采取措施，逐步削弱节度使手中的兵权，将兵权牢牢地掌握在皇帝自己的手中。

宋太祖强干弱枝、推行中央集权的措施主要包括"夺权柄""制钱谷""收精兵"三项策略。

首先，是从夺取地方行政、司法之权开始。

---

① （宋）欧阳修、宋祁撰：《新唐书》卷 50　志第 40　兵，中华书局 1975 年版。

宋太祖采纳赵普的建议，集中地方官任免权，地方官一律由皇帝指派，用京官权知，三年一换。此外，宋初诸帝还采取一系列措施分割各级官僚的权力，其中最主要的措施是增设机构，分化事权，官与职分离。在宋代的政治体制中，无论中央、地方，一律实行政、财、军三权分离。宋太祖钦定的官制是，"有官，有职，有差遣。官以寓禄秩，叙位著。职以待文学之选，而别以差遣以治内外之事。""官"与"职"都是虚衔，惟有"差遣"才是实职。由于官与职殊、名与实分，本官不理本职。"差遣"之任调迁频繁，故官僚很难长期执掌某地方或某一方面的权力。

五代后期，节度使通常兼任治所所在州的长官，不但握有军政大权，同时操控地方各州的行政权力。为了改变军人掌握地方政府的局面，宋太祖以知州易方镇，以文官易武将。同时，将分全国为一十五路，各路设转运使，主管财政兼监察地方，谓之"漕臣"；设提点刑狱公事，主管司法及监察，谓之"宪臣"；设安抚使主管军事，谓之"帅臣"；设提举常事，主管农田水利，谓之"仓臣"。这样，节镇的权力就大大被削弱。建隆元年（960年）十月，宋太祖下令，把原来由将吏担任的两京军巡及诸州马步判官，改用文人，由吏部"流内铨注拟选人"①。

前面说过，建隆三年（962年）三月宋太祖已经开始将藩

---

① （宋）李焘撰：《续资治通鉴长编》卷1，建隆元年十月乙酉。

镇节度使掌握的生杀大权收归中央。开宝三年（970 年），宋太祖又再次重申上述命令："诸道州府，应大辟案罪决论，录其案，朱书格律、断辞、禁仪、月日、官典、姓名以闻，委刑部复视。"这又更详细地规定了报告的格式、内容。""乾德三年七月，命令诸州的录事参军与司法椽一同断狱。"进一步削弱地方的司法权。开宝五年（972 年）七月，宋太祖下诏说："颇闻诸州州司、马步院置狱外，置子城司狱，诸司亦辄禁系人，甚无谓也。自今并严禁之，违者重议其罪，募告者赏钱十万。"①"开宝六年（973 年）七月，宋太祖下令不许诸道州府的马步都虞候及判官断狱，因为二者都是任命牙校担任的，所以罢免这两种官职同时，把诸州马步院改为司寇院，用新及第的进士、九经、五经以及选任资序相当者做司寇参军，掌管司寇院，参与审理案件。这样，一般案件的审理权也就收归中央办理。乾德元年（963 年）九月，下令禁止州府长吏以仆从人干预公事。乾德二年（964 年）三月又下令，节度使幕府中不许召署幕职，幕职人员都由中央铨授。七月，下令藩镇不许用初任官职的做掌书记，必须是历经两任并且有文学才能的人，才许奏辟。乾德三年（965 年）三月，下诏诸州长吏或须代判，勿得使用原从人。这样就避免了节度使虽是武夫悍将，却自署亲吏，代判州政，导致他们擅权不法。乾德四年（966 年）七月，宋太祖下诏："自今

---

① （宋）李焘撰：《续资治通鉴长编》卷 7，太祖　开宝五年

诸州吏民不得即诣京师举留节度、观察、防御、团练使、刺使、知州、通判、幕职、州县官。"①以防止节度使等利用这种手段达到长期在一地发展其势力的目的。

其次，是夺取地方的财政之权。

从财政上断绝藩镇的经济来源，把财政大权集中到中央政府，是宋太祖控制藩镇的一项十分重要的举措。南宋叶适曾经指出："太祖之制诸镇，以执其财用之权为最急。"②乾德三年（965年），宋太祖又申命诸州，度支经费外，凡金帛以助军实，悉运都下，无得占留。从此，地方藩镇的财权亦渐归中央。这样，宋太祖经过一系列的削藩措施，大大削弱了节度使的权力，使他们再也无力同中央政府抗衡。

再次，收藩镇兵权归朝廷所有。

兵权所属直接关乎朝廷的安危，宋太祖对此有切身体会。"石守信、王审奇皆是赵宋王朝的开国功臣，各典禁卫。建隆二年（961年），"赵普数言于上，请授以他职，上不许，普乘间即言之，上曰：'彼等必不吾叛，卿何忧？'普曰：'臣亦不忧其叛也。然熟观数人者，皆非统御才，恐不能制伏其下，则军伍间万一有作孽者，彼临时亦不得自由耳。'上悟。'于是召守信等饮，酒酣，屏左右谓曰：'我非尔曹之力，不

---

① （宋）李焘撰：《续资治通鉴长编》卷7，太祖 乾德四年七月乙丑。
② （元）马端临撰：《文献通考》卷24 国用考二 历代国用，中华书局2011年版。

得至此，念尔曹之德，无有穷尽。然天子亦大艰难，殊不若为节度使之乐，吾终夕未尝敢安枕而卧也。'守信等皆曰：'何故？'上曰：'是不难知矣，居此位者，谁不欲为之。'守信等皆顿首曰：'陛下何为出此言？今天命已定，谁敢复有异心。'上曰：'不然。汝曹虽无异心，其如麾下之人欲富贵者，一旦以黄袍加汝之身，汝虽欲不为，其可得乎？'皆顿首涕泣曰：'臣等愚不及此，惟陛下哀矜，指示可生之途。'上曰：'人生如白驹之过隙，所为好富贵者，不过欲多积金钱，厚自娱乐，使子孙无贫乏耳。尔曹何不释去兵权，出守大藩，择便好田宅市之，为子孙立永远不可动之业，多置歌儿舞女，日饮酒相欢以终其天年。我且与尔曹约为婚姻，君臣之间，两无猜疑，上下相安，不亦善乎！'皆拜谢曰：'陛下念臣等至此，所谓生死而肉骨也。'明日，皆称疾请罢，上喜，所以慰抚赐赍之甚厚。庚午，以侍卫都指挥使、归德节度使石守信为天平节度使，殿前副都点检、忠武节度使高怀德为归德节度使，殿前都指挥使、义成节度使王审琦为忠正节度使，侍卫都虞候、镇安节度使张令铎为镇宁节度使，皆罢军职。独守信兼侍卫都指挥使如故，其实兵权不在也。殿前副都点检自是亦不复除授云。"①对于宋太祖杯酒释兵权一事，《类编皇宋大事记讲义》卷二中记载了这样两件事情的基

① （宋）李焘撰：《续资治通鉴长编》卷2，太祖　建隆二年七月戊辰。

本过程：一是建隆二年（961年），"上召守信等，饮酒酣，曰：'天子亦大艰难，殊不若节度使之乐，尔曹何不释去兵权，出守大藩，择便好田宅市之，为子孙计，我且与尔曹约为婚姻，君臣之间两无猜疑，不益善乎。'石守信等明日皆称疾请罢。"二是开宝三年（970年）十月，"凤翔王彦超等罢节镇。上宴藩臣于后苑，酒酣，从容诏之曰：'卿等皆国宿旧人，临剧镇，王事鞅掌，非朕所以优贤之意。'王彦超等五人喻上意旨，请老罢节镇。"这样，宋太祖就把全部的兵权都收归中央。这是宋太祖集权思想的初步实现。

除上述举措之外，宋太祖还十分重视皇帝对中央政府军事力量的控制。他对五代以来的治兵措施致力加以改革、完善，在此基础上确立了新的兵制。开宝二年（969年），宋太祖遣使分往京西诸州赐太原所徙民帛，人一匹，又命控鹤都虞候京兆崔翰差择其勇悍习武艺者借为禁兵，以此来增强禁军力量。建隆二年（961年）五月甲戌，"令殿前、侍卫司及诸州长吏阅所部兵，骁勇者升其籍，老弱怯懦者去之。"[①]宋太祖在兵力的配置上，实行"强干弱枝""内外相维"的政策。太祖时期禁军约二十万，其中十万驻守京城，十万分屯各地。太祖盛时，皇城之内，有诸班之兵京城之内，有禁卫之兵京城之外，列营犹数十里。太祖常说，虽京师有警，皇城

---

①　（宋）李焘撰：《续资治通鉴长编》卷2，太祖　建隆二年五月甲戌。

之内已有精兵数万，况天下乎？京城兵强马壮，地方自知兵力不敌，一般就不敢萌生异心，这就是"强干弱枝"的军事防卫政策。驻屯各地的禁军，主要是侍卫马军和侍卫步军，两军的精锐虽不及主要屯驻京城的殿前军，但相去不远，加上各地的厢兵、蕃兵、乡兵等部队，其数量则要超过京城兵力至少一倍以上。如京城有变，各地军马亦可联合起来，足以抑制京城之变。这样"内外相维，无轻重之患"，也就既不会发生类似唐朝的安史之乱，也不会发生类似陈桥兵变的京师兵变。

宋太祖通过加强中央集权，强化皇权等一些系列措施，使得北宋政府能够较快地铲除五代时期所形成的士族门阀地主与军阀势力的割据，这对于消除分裂之祸，维护国家的统一和社会的稳定、发展都具有十分重要的意义。

三、推行文官治国，
将科举取士与文官政治有机结合

宋初科举制度的改革，主要是为了加强皇权。

科举制度始于隋朝，唐朝进一步得到发展。

唐末，藩镇割据，中央政府大权旁落，使考试制度缺乏进一步发展的机会。

五代时期，武夫悍将左右政局，文人普遍不受重用，武

将专政导致了国家政局的混乱。从9世纪到10世纪末，中国社会的仕宦途径基本上由武人垄断，文人上达虽仍有考试一途可循，但终缺乏保障，远不及武人势力之盛。

宋朝建立后，宋太祖急于拨乱反正、实现国家稳定、改变武将专政这一不正常的局面，"首用文吏而夺武臣之权，宋之尚文，端本乎此。"①

宋代的科举制度沿袭唐朝、五代旧制，设进士、九经、五经、开元礼（后改开宝礼）、三史、三礼、三传、学究、明经、明法等科，进士科以外的各科，常合称"诸科"，形成了一套相当完备的通过考试选拔官吏的体制。

宋初，为了巩固统治，宋太祖对科举制度进行了一些改革。第一，禁止考官和考生像唐代那样结成师徒、门生关系。第二，禁止唐代流传下来的以"公荐"制度为掩护的请托之弊。虽然隐蔽的私下请托一直存在，很难根除，但前此那种合法公开的推荐请托弊病确被革除。第三，推行复试、殿试、别试制度，以防止官吏作弊。宋太祖开宝元年（968年）规定，自今与官员有关连的举人，必须复试。开宝六年（973年），徐士廉控告考官取舍不公，建议由皇帝亲自主持进行殿试，"无为其下鬻恩也"。宋太祖接受建议，在讲武殿廷试进士。省试后由皇帝殿试进士，遂成制度。进士感激皇恩，成为天子门生。宋太宗时又规定，考官的亲戚必须别试。第四，

---

① （元）脱脱等撰：《宋史》卷439　列传第198　文苑一　文苑传序。

加强对考官的限制。宋初省试考官是临时性差遣，且数人负责，省试时不许回家。后来又施行试卷糊名、眷录制度，以减少考官徇私舞弊的可能性。第五，设"特奏名"以收天下士心。唐代科举考试录取名额很少，一般不过二三十人。宋初空前扩大，往往成百上千。不仅如此，宋初又创设"特奏名"制度，也称为"特科""恩科"，凡解试合格而省试、殿试落选的举人，积累到一定的举数和年龄，可不经解试、省试，由礼部贡院特予奏名，直接参加殿试，分等赐给出身或官衔。此制是吸收唐代教训，笼络天下士人之心，以防止如黄巢那样屡考不中而产生不满的情绪、滋长叛逆之志。[①]

的确，殿试制度是宋代科举的一大创置。殿试在唐代虽然已有先例，但就其性质而言，犹如后来的省试，也未形成定制。宋太祖时，因有进士指控权知贡举李昉徇私用情，取舍不当。宋太祖于讲武殿复试新及第进士及诸科新选人，此后殿试遂为常式。殿试考试名义上由皇帝主考，一些关键的环节也由皇帝把持。实行殿试制度，将选士的大权直接控制在皇帝手中，变恩归有司为恩归皇上，既有助于加强中央集权的统治，又可以防止考官与考生结党舞弊，防止势家垄断科举，堵塞寒俊仕进之途。

据李焘在《续资治通鉴长编》卷十八中记载，宋太祖开宝八年（975年）二月下诏曰："向者登科各级，多为势家所

---

① 参见漆侠主编：《中国改革史》，河北教育出版社1997年版，第290页。

取，致塞孤寒之路，甚甚无谓也。令朕躬亲临时试，以可否
进退，尽割畴昔之弊矣。"又说："贵家子弟，惟知饮酒弹琵
琶耳。安知民间疾苦？"因此下令："凡以资荫出身者，皆使
之监当场务，未得亲民。"[1]宋太祖不准资荫出身者直接做州
县长官，这是对氏族门阀势力的一种压抑，从中也可看出他
对科举取士制度的重视和改革的决心及力度。

在宋王朝历史上，再没有其他皇帝的影响力能超越宋太
祖和太宗这两位开国皇帝。这不仅仅是因为他们享有"开国"
的地位，更是因为太祖、太宗在位期间对宋朝统治秩序的创
立，其若干规范和原则还被要求后世子孙永远遵守。人们遂
把这些内容概述为"祖宗之法"

所谓宋代的"祖宗之法"，既应包含治国理政的基本方略，
也应包括统治者应该遵循的治事态度；既包括贯彻制约精神
的规矩设施，也包括不同层次的具体章程。其出发点是着眼
于"防弊"，主要目标在于保证政治格局与统治秩序的稳定。
在具体内容上，它应该包括：改革科举制度、限制宗室、外
戚、宦官权力，分权制衡，与士大夫共治天下，不杀言事臣
僚，提倡"忠义"气节，也包括守内虚外、将从中御、以文
驭武等等"基本国策"。实际上，"重文"并不等于"轻武"，

---

[1] （宋）司马光撰：《涑水记闻》卷第一，中华书局 1989 年版。

反之亦然。其核心还主要是取决于统治者巩固皇权的需要。[①]

总之，宋太祖的文治思想，其基本内涵就是将科举取士与文官政治实现高度的结合。宋太祖确立殿试制度，培养天子门生，压抑世家大族，改变武人政治，士大夫从此成为赵宋统治大厦的基石与支柱。从他开始，士大夫与皇帝共治天下便成为赵宋王朝政治的主要特色。

四、尊佛重道，重视宗教文化对民众的教化

宋初在政治上主要致力于解决国家统一和政治制度中所存在的弊端问题，在宗教文化方面讲求实用，对于佛道二教采取抑制与宽容并重的政策，以利于新兴王朝政权的巩固。

宋太祖即位之初，曾延续周世宗对佛道二教的政策，严格控制道士与僧尼的人数与活动，废停寺院道观，毁天下铜佛像用于铸钱。但不久之后，他便意识到这种过激的政策不利于维护社会的安定。于是，宋太祖下令停止废毁寺院，并剃度童僧八千人，将僧众的数量保持在一定的规模。此外，他还下令：已经铸成的佛像，不要再毁。同时下令雕刻《大藏经》，继而又派沙门一百五十七人赴印度求法并资助他们每人

---

① 于之伟、李鹏主编，袁邑凡著：《帝国的归宿（两宋卷）》，中国华侨出版社2018年版，第28—29页。

三万钱。

为使佛道二教更好地服务于皇权，宋太祖对佛道二教表现出一定程度的敬意，礼遇和尊重个别名僧高道。据说，宋太祖即位后巡幸相国寺。按照寺规，佛像面前，众生平等，即使是天子皇帝也应跪拜。宋太祖开始不愿跪拜，便故意问僧人："当拜不当拜？"僧人见此情景，连忙迎合说："不拜。"太祖问其原因，僧人解释道："殿上佛像是过去之佛，而陛下是今世活佛，活佛不必拜死佛。"宋太祖听后哈哈大笑，然后出人意料地走到佛像前，恭敬地行了跪拜之礼。

宋太祖加强对宗教人士的管理。为防止佛教徒危害社会，他亲自召见各寺院的住持和方丈，了解其品行及学问，并从中选出合适的僧官，以教化、引导僧众为善去恶。

为维护其统治，宋太祖对佛教还采取保护措施，不允许有诋毁、亵渎佛教的事情发生。河南有一进士李霭，不仅不信佛，而且还著书于言，名为《灭邪集》，用激烈的言辞批评、诋毁佛教。此外，他还将佛经用针线缝起未当作内衣。这些对佛教大不敬的做法，引起僧人的强烈不满，将李霭告到朝廷。宋太祖为了平息僧人怨气，也觉得李霭做得过分，便将他决杖流放到沙门岛。

对于道教，宋太祖也本着与对待佛教一视同仁的态度。据《续湘山野录》记载，宋太祖与道教略有渊源。宋太祖登基前曾与赵匡义、赵普三人一起到长安游玩，途中碰到一骑驴的道士陈抟：陈抟热情地邀三人到酒肆饮酒。赵普无意中坐到席左，陈抟十分生气地批评他说："紫微帝垣乃一小星，岂可居上座？"几年之后，宋太祖果然当了皇帝。正因为陈抟的预言应验，所以宋太祖对德高望重的道士非常礼遇。

宋初有一处士名王昭素，有志行，为人忠直达观，著有《易论》三十三篇，门生满天下。宋太祖听说此人后，便下诏在便殿召见他，此时王昭素已是年过七旬。宋太祖问："何以不仕？以致相见之晚。"王昭素答曰："不能。"继而为宋太祖讲解《易经》之"乾卦"。在讲解之中，王昭素旁征博引，其间还夹杂着规劝皇帝做利国利民之事的谏言，宋太祖非常叹服王昭素知识的广博，当他咨询治世养身之术时，王昭素说："治世莫若爱民，养身莫若寡欲。"宋太祖十分喜欢这两句，当时便将其书写下来，作为警励自己的座右铭。

另外一个志行高洁、素为世人敬佩的道士苏澄隐也颇受宋太祖敬重。宋太祖曾亲至兴隆观拜访苏澄隐，询问养生之术。苏澄隐回答说："臣养生，不过精思练气耳。帝王养生，则异于是。老子曰'我无为而民自化，我无欲而民自正。'无为无欲，凝神太和。昔黄帝、唐尧享国永年，用此道也。"① 宋太祖听后，获益匪浅，连连称是，并赐给他紫衣一袭、银五百两、帛五百匹。

在尊重佛、道二教的同时，宋太祖也认识到其对政治与社会产生的消极影响，便对其采取了一系列限制措施。宋太祖曾

---

① （宋）江少虞著：《宋朝事实类苑》，上海古籍出版社1981年版，第546—547页。

下令，禁止用铜铁铸造佛像。但时间一长，民间又出现销毁农具而铸造佛像的状况。为此，宋太祖再次下令，严禁此类事情发生，违者重罚。为限制寺院和僧人数量，他还下令：周世宗时期已被停废的寺院，不得复兴；各州每百名僧尼只许私度一人。

开宝五年（972 年），宋太祖下诏开始禁止道教里的不良习俗。禁止只穿道士服装而不信教念经的假冒道士，不允许私度道士，如规定"自今如愿入道者，须本师与本观知事，同诣长吏陈牒，请给公验，方许披度"等。就在这一年，宋太祖集合开封全城道士，进行一次考试，凡是品德恶劣的，即使学有根底，也将他斥逐出教。宋太祖的这些法令，对于严肃佛道门规，净化社会风气起到了一定的积极作用。对假借佛道的掩护，做出不法之事或有伤风化的活动，宋太祖给予了严厉的打击。平定李重进叛乱后，宋太祖率军返回京城，僧道与百姓、官员一起夹道相迎。而皇建院僧人辉文等人不顾礼法和戒律，携妇人在传舍中饮酒作乐，被人告发。经审讯核实后，宋太祖下令将首犯辉文杖杀于大庭广众之下，从犯录琼隐等十七人被决杖流配。

当然，无论政治上的专制也好，军事上的镇压也好，思想文化上的教化也好，宋太祖的目的只有一个，就是为了国家安稳和稳定人心，让民众服从统治者的支配。从这个角度来看，宋太祖实施的这些文化政策，之后都起到了很好的效果。

在中国古代社会中，天命迷信相当盛行，即使到了科技高度发达的现代，迷信也有很大的市场。唐末五代，由于社会动荡，人们的生命得不到保障，只能寄希望于天命，迷信更是泛滥一时。王朝的兴衰更替，个人的祸福荣辱，都被认为是上天的旨意，神祈显灵的结果。一时迷信之风盛行，严重影响了正常的社会秩序，也给统治者维护其统治带来了不良后果。

宋太祖重视道教编制的关于宋王朝奉天承运神话在巩固新生政权中的重要作用。在夺取政权过程中，曾经两次利用迷信天命制造影响以达到目的。第一次是借桃木符把张永德赶下台，第二次是借"将以出军之日，策点检为天子"的传言为其登基制造舆论。但是，当他登上帝位之后，为杜绝他人利用迷信制造混乱，严禁他人从事或宣扬天命迷信，除非这种天命迷信有助于加强自己的统治。

为消除天命迷信的不良影响，宋太祖并没有采取强硬禁绝的方法，而是以毒攻毒，"紊其次而杂书之"，使之真伪混杂并存，一旦失去效验，人们自然会弃之不信。

古代迷信流行，谶书即是一种。谶书是有人对将来的事作出的一种预测，大部分不着边际，小部分或因巧合，或因附会，或因真有人参透了历史规律，也有预测应验的。一些人利用它煽惑视听，制造思想混乱以从中起事。宋初一段时间内，唐季五代民间流传的谶书相当流行，为害颇深，宋太祖即设法消除其影响。如《推背图》，托唐朝天文学家李淳风所作，传了几百年，民间多有藏本。一天，赵普上奏说："违反禁令传抄这本书的人太多了，杀都杀不过来。"宋太祖说："不必多禁，应该混杂搅乱它。"于是，他让人找来旧本自己亲自看验，然后打乱它的次序胡乱写了一通，又造了约百十本，让这些假冒伪劣的盗版书混杂在原版中一起流行到民间。传抄的人也搞不懂到底先后次序是什么，不知哪些是真的，哪些是假的。偶尔再有存留这些谶书的，因为它不灵验，也都不保藏了，宋太祖从内容上紊乱谶书，使之真伪混杂并存，一旦失去效验，人们自然会弃之不藏。这种"以毒攻毒"的做法，别出心裁，比用强制禁止的方法要好得多。

巫术在宋初的一些地方也极为流行。许多人生病后，不就医诊治，反而求助于巫婆神汉，以致贻误时机而死亡。当时岭南一带巫术尤为盛行，"深广不知医药，唯知设鬼而坐致殂殒"。

为改变这种恶俗，引导人们相信医学，以医药去除疾病。乾德四年（966年），宋太祖下令：诸州长吏察民有父母亲属疾病不视医药者，深惩之。在他的倡导下，许多地方官员带头宣传科学，倡导百姓以医药治病。邕州知州范曼不但坚决推行宋太祖的禁令，而且自己出钱购买药物，亲自调和，解救了不少病人。他还将医书《方书》刻于石龛，置于厅壁，久而久之，"部内化之"。

开宝五年（972年），宋太祖下令："禁玄象器物、天文、图谶、七曜历、太一、雷公、六壬、遁甲等不得藏于私家，有者并送官。"还规定释道不能私习天文、地理，以防这些人利用天命迷信煽动人们滋事生非，不利于维护其统治。一旦发现"私习""私藏"者，立即予以严惩。通事舍人宋惟忠，便先因不法事被除籍为民，后来又因私习天文，妖言利害，蛊惑众听，而被弃市处死。

总之，宋太祖对宗教有着清醒的认识，一方面，他以佛、道来教化民众；另一方面，他又清楚地认识到了宗教的消极作用。对待迷信和巫术，他从多方引导，并以巧妙的方法破除[①]。北宋王朝在文教方面形成的"以儒治世、以道治身、以佛治心"的文化格局，为后世儒、释、道三教的鼎立奠定了基础。

五、结　论

宋太祖是一位爱读书，善动脑的军人出身的皇帝。李焘在《续资治通鉴长编》卷七中说："上性严重寡言，独喜观书。虽在军中，手不释卷。闻人间有奇书，不吝千金购之。"宋太祖虽是武人出身，但因为他"喜观书。虽在军中，手不释卷"，善于总结历史上的经验教训，故能雄才大略，最终建立一代新朝并开创出一系列新的政治制度，形成独具特色的治国理政风格。

《宋史·太祖本纪》这样赞宋太祖赵匡胤说：

---

①　参见《国学经典文库》丛书编委会编著：《宋太祖赵匡胤》，现代出版社2018年版，第240—243页。

昔者尧、舜以禅代，汤、武以征伐，皆南面而有天下。四圣人者往，世道升降，否泰推移。当斯民涂炭之秋，皇天眷求民主，亦惟责其济斯世而已。使其必得四圣人之才，而后以行其事焉之，则生民平治之期，殆无日也。五季乱极，宋太祖起介胄之中，践九五之位，原其得国，视晋、汉、周亦岂甚相绝哉？及其发号施令，名藩大将，俯首听命，四方列国，次第削平，此非人力所易致也。建隆以来，释藩镇兵权，绳赃吏重法，以塞浊乱之源。州郡司牧，下至令录、幕职，躬自引对。务农兴学，慎罚薄敛，与世体息，迄于丕平。治定功成，制礼作乐。在位十有七年之间，而三百余载之基，传之子孙，世有典则。遂使三代而降，考论声明文物之治，道德仁义之风，宋于汉、唐，盖无让焉。呜呼，创业垂统之君，规模若是，亦可谓远也已矣！

在宋太祖《本纪赞》中，宋史的作者直将宋太祖与尧、舜、汤、武四圣王并称，认为宋太祖"得四圣人之才"，因而开创了宋朝三百余年的基业。其"治定功成"，业绩可以媲美汉唐。

盖棺论定，宋太祖的治国特点，可以总结如下。

首先，宋太祖功在统一。宋朝建立后，宋太祖审时度势，制定"先南后北，先易后难"的统一方针。之后他用余生之力先后收复了荆湖、巴蜀、吴越等地。实现统一是他的梦想。

其次，在治国方面，宋太祖在很多方面也超过了前人。

第一，他"杯酒释兵权"，顺利地让藩镇节度使交出了兵权，实现了新建王朝权力的和平交接与过渡。

第二，他加强中央集权，成功地实现了强干弱枝、巩固皇权的国策。

第三，他改革旧制，发展生产，减轻徭役，整顿税制，不仅重视农业生产的发展，而且积极推动宋初工商业以及对外贸易业的繁荣。

第四，他实行文臣治国，复兴科举制度，在兴学、改革宗教文化等方面都有成功的措施。

第五，他立下"誓碑"，告诫子孙"不得杀士大夫及上书言事者"。

第六，他以"仁德"治国，为政朴素节俭，带领治政风气。他曾言："烦民奉己之事，朕必不为也。"[1]

在宋太祖的手中，他托起了宋王朝"文化昌运"的国运。

---

① 《续资治通鉴长编》卷二，建隆二年二月壬申。

附　录

一、主要参考书目

（宋）司马光编著：《资治通鉴》，中华书局 1956 年版。

（清）毕沅编撰：《续资治通鉴》，中华书局 1957 年版。

（宋）江少虞著：《宋朝事实类苑》，上海古籍出版社
1981 年版。

（元）脱脱等撰：《宋史》，中华书局 1985 年版。

（宋）司马光撰：《涑水记闻》，中华书局 1989 年版。

（宋）李焘撰：《续资治通鉴长编》，中华书局 2004 年版。

（宋）杨仲良撰，李之亮校点：《皇宋通鉴长编纪事本
末》，黑龙江人民出版社 2006 年版。

（元）马端临撰：《文献通考》，中华书局 2011 年版。

（明）陈邦瞻撰：《宋史纪事本末》，中华书局 2015 年版。

白钢主编，朱瑞熙著：《中国政治制度通史》第六卷，宋
代，人民出版社 1996 年版。

苗书梅著：《宋代官员选任和管理制度》，河南大学出版社 1996 年版。

漆霞主编：《中国改革史》，河北教育出版社 1997 年版。

刘泽华、葛荃主编：《中国古代政治思想史》，南开大学出版社 2001 年版。

齐涛主编，江晓涛、李晓著：《中国政治通史》（第六卷，动荡与变迁的宋辽金政治），泰山出版社 2003 年版。

丁传清辑：《宋人轶事》，中华书局 2003 年版。

顾宏义著：《细说宋太祖》，上海人民出版社 2005 年版。

（日）竺沙雅章著，方建新译：《宋朝的太祖和太宗》，浙江大学出版社 2006 年版。

曾枣庄、刘琳主编：《全宋文》，上海辞书出版社、安徽教育出版社 2006 年版。

钱穆著：《中国历代政治得失》，九州出版社 2015 年版。

何晓明著：《中国皇权史》，武汉大学出版社 2015 年版。

周桂轩著：《帝王治要》，北京联合出版公司 2016 年版。

于之伟、李鹏主编，袁岂凡著：《帝国的归宿》（两宋卷），中国华侨出版社 2018 年版。

《国学经典文库》丛书编委会编著：《宋太祖赵匡胤》，现代出版社 2018 年版。

二、宋太祖行政大事记

宋建隆元年（960年），34岁

正月初三日晚，发动"陈桥兵变"，赵匡胤"黄袍加身"。次日，引兵回京，逼周隐帝禅位，即皇帝位，定国号为宋。

李筠四月反，六月兵败自杀。

李重进九月反，十一月兵败自杀。

建隆二年（961年），35岁

二月，定《窃盗律》。

三月，罢殿前都点检慕容延钊等军职。

四月，颁布《私炼贸易盐及贷造酒曲律》。六月，宋太祖之母杜太后病逝。七月，制定"稍夺兵权，制其钱谷，收其精兵"加强中央集权的三大政治策略。此月，宋太祖"杯酒释兵权"，罢禁军大将石守信、高怀德等兵权。此月，以赵光义为开封府尹。

建隆三年（962年），36岁

正月，视察国子监。

二月，谓侍臣曰："朕欲武臣尽读书以通治道，何如？"左右不知所对。十月，以枢密副使赵普为枢密使。

三月，诏令各地所判死刑一律交刑部复审，以纠正地方长吏乱杀之弊。

九月，复置书判拔萃科。

十一月，诏令群臣出使诸道，不得私有请托，违者置罪。诏令殿前侍卫司将校不得冗占直兵，对所占之兵与于明确规定。下令县令考课以户口增减为标准。

十二月，禁镇将干涉民事。

乾德元年（963 年），37 岁

正月，初命文臣知州事。遣慕容延钊、李处耘率十州兵以讨张文表。此月湖南杨师璠取潭州，执张文表。

二月，天雄节度使符彦卿来朝，欲使之典兵，赵普屡谏。此月，平定南平，高继冲降。

三月，平定湖南，周保权降。

四月，置诸州通判，又命节镇支郡皆直隶京师。颁布建隆应天历。

七月，判大理寺事窦仪等上《重定刑统》三十卷，《编敕》四卷，诏刊板模印颁天下。

九月，禁止诸州长吏以仆从干预政事。

十一月，南郊，大赦，改元乾德。

十二月，皇后王氏病逝。

乾德二年（964 年），38 岁

正月，复制举贤良方正等科。范质、王溥、魏仁浦罢相，以赵普为门下侍郎、同中书门下平章事。

三月，禁止诸道长吏役使骑兵。

四月，始置参知政事为副相，以兵部侍郎薛居正、吕余

庆为之。

六月，以赵光义兼中书令，赵光美为同平章事，赵德昭为贵州防御使。

七月，诏藩镇不得以初官为掌书记。

十一月，命王全斌、崔彦进等人分兵水路两路伐蜀。

乾德三年 (965 年)，39 岁

正月，蜀主孟昶降，蜀地平定。

三月，开始剥夺藩镇之财权，地方阙守帅，稍命文臣权知，又置转运使通判。

五月，遣赵光义劳孟昶于玉津园。

六月，以孟昶为中书令、秦国公，六日后，孟昶薨。

七月，追封孟昶为楚王。

八月，诏籍郡国骁勇兵送阙下。

乾德四年 (966 年)，40 岁

二月，安国军节度使罗彦瓌等败北汉于静阳，擒其将鹿英。

三月，殿前都虞候杨义暴疾失音，命其掌军如故。

四月，河南府进士李霭因毁佛，为僧所诉，决杖，配沙门岛。

八月，枢密直学士冯瓒等以赃论死，后流沙门岛。

闰八月，下诏鼓励开垦而不加赋，"自今百姓有能植桑枣，垦辟荒田者，只输旧租"。

十一月，御制通判权力，规定行文与长吏连署方为生效。

乾德五年（967年），41岁

正月，诏以时平年丰，增上元张灯为五夜。王全斌等坐伐蜀取受、隐没钱六十四万四千八百余贯，且杀降致寇，议罪当死，特赦之。

二月，权知贡举卢多逊奏进士合格者十人。复诏参知政事薛居正于中书覆试，皆合格，乃赐及第。殿前都指挥使韩重赟因私取亲兵为腹心，罢军职。

三月，以赵普为尚书左仆射兼门下侍郎、同中书门下平章事。

六月，禁止诸州通判，钤辖及都监使臣在官俸之外"添给钱物"。

七月，诏禁毁铜佛像，但亦不许再铸。

开宝元年（968年），42岁

正月，大内营缮皆毕，坐寝殿，令洞开诸门，皆端直轩豁，无有拥蔽，因谓左右曰："此如我心，少有邪曲，人皆见之矣。"

二月，纳皇后宋氏。

三月，诏凡"食禄之家"子弟参加科举，"当令覆试"。

五月，令送上供钱帛、舟车并从官给，勿以扰民。

十一月，合祭天地于南郊，大赦、改元开宝。

开宝二年（969年），43岁

二月，诏亲征太原，以开封尹赵光义为东京留守。

三月，决晋祠水灌太原城。

五月，引汾水灌太原城。

闰五月，班师回京，曲赦京城囚。

十月，散指挥都知杜延进等谋反伏诛，夷其族。宴藩臣于后苑，杯酒之际，王彦超等被罢节镇之职。

开宝三年（970年），44岁

二月，宴广政殿，王溥、武行德、王彦超皆醉酒失仪，为御史劾奏，诏释之。

三月，诏阅进士十五举以上者百六人，并赐本科出身，仍诏自今勿得为例。幸宰相赵普第视疾，多有赏赐。

五月，禁京城民畜兵器。

六月，皇长女昭庆公主出嫁王审琦之子王承衍。

七月，减州县官吏，增俸给。

九月，命潘美为贺州道兵马行营都部署，发十州兵会贺州，以伐南汉。

开宝四年（971年），45岁

正月，禁诸道州县差摄官。

二月，潘美克广州，俘南汉主刘鋹，广南平。

六月，初置司舶司于广州。

七月，赐开封尹光义门戟十四。

八月，群臣奉表请加尊号"兴化成功"，答曰："余虽以兴化为心，未能力致，傥便以成功自大，是所难安。"

十一月，李煜遣其弟郑王李从善来朝贡。南唐去唐号，改印文为"江南国印"。禁止军民男女结义社。

开宝五年（972 年），46 岁

正月，禁民铸铁为佛像、浮屠及人物之无用者。

二月，因李从善入贡，遂留之，李煜大惧。

闰二月，礼部试进士安守亮等诸科共三十八人，召对讲武殿，始发榜，此为新制。皇第二女延庆公主出嫁石守信之子石保吉。以李从善为泰宁节度使，赐第京师。使之致书李煜，风其入朝，李煜不从。用反间计杀江南重臣林仁肇。

七月，皇第三女永庆公主出嫁魏仁浦之子魏咸信。

十一月，禁释道私习天文、地理。

十二月，开封尹赵光义暴疾，遂如其第视之。

开宝六年 (973 年)，47 岁

三月，覆试进士于讲武殿，赐宋准及下第徐士廉等诸科百二十七人及第，从此，殿试成为常式。知贡举李昉坐试人失当，责授太常少卿。

四月，整饬诸州举人考试，严禁私荐。诏参知政事薛居正监修五代史。

六月，诏参知政事与宰相赵普分知印押班奏事，以分赵普之权。

七月，诏诸州府置司寇参军，以新及第进士、九经五经及选人资序相当者为司寇参军。

八月，罢赵普宰相职务，任为河阳三城节度使、同平章事。

九月，封赵光义为晋王、兼侍中，赵德昭同中书门下平章事。诏晋王赵光义班宰相上。

开宝七年（974 年），48 岁

三月，宋主动派人与辽约和。

九月，命曹彬、潘美、曹翰，将兵十万出荆南，以伐江南。

十月，宋修五代史成。

十一月，辽宋初议修和通聘。

十二月，宋兵渡江。金陵始戒严，李煜下令去开宝之号。

开宝八年（975 年），49 岁

正月，曹彬等进攻金陵。

二月，覆试进士于讲武殿，赐王嗣宗等三十一人、诸科纪自成等三十四人及第。

十月，遣知河南府焦继勋修洛阳宫室。

十一月，南唐使者徐铉等奉表乞缓师，赵匡胤按剑谓铉曰："不须多言，江南亦有何罪，但天下一家，卧榻之侧，岂容他人鼾睡乎！"

十二月，金陵城破，李煜出降，江南平。

开宝九年（976 年），50 岁

正月，御明德门，见李煜于楼下，封李煜为违命侯。诏郊西京。试诸州所举孝弟力田及有文物才干者，皆不合格，悉罢之，并治滥举之罪。

二月，群臣奉表请加尊号"一统太平"，不许，曰："燕、

晋未复，遽可谓一统太平乎？"钱俶将入朝，遣皇子赵德昭迎劳之。

三月，幸西京。

四月，合祭天地于南郊。

六月，步至晋王邸，命作机轮，挽金水河注邸中为池。

七月，幸晋王第观新池。本月三幸京兆尹赵光美第。

八月，遣党进、潘美伐北汉。

九月，幸城南池亭，遂幸礼贤宅，又幸晋王第。

十月二十日，宋太祖"斧声烛影"之后驾崩，赵光义即位，是为宋太宗。

十二月，群臣上谥曰英武圣文神德皇帝，庙号太祖。